FRAG DOCH DEN PLOBERGER!

Gartenfragen und Gartenirrtümer
Praktische Lösungen für intelligente Faule

Karl Ploberger

avBUCH

FRAG DOCH DEN PLOBERGER!

Gartenfragen und Gartenirrtümer

Praktische Lösungen für intelligente Faule

HAFTUNGSAUSSCHLUSS

Für die Richtigkeit der Angaben wird trotz sorgfältiger Recherche keine Haftung übernommen. Der Autor und der Verlag haben den Inhalt dieses Buches mit großer Sorgfalt und nach bestem Wissen und Gewissen zusammengestellt. Sie übernehmen keinerlei Haftung für eventuelle Schäden, die als Folge von Handlungen und/oder gefassten Beschlüssen aufgrund der gegebenen Informationen entstehen.

GENDER-ERKLÄRUNG

Aus Gründen der besseren Lesbarkeit verzichten wir im Cadmos-Verlag auf die gleichzeitige Verwendung der Sprachformen männlich, weiblich und divers (m/w/d) und wählen jeweils die männliche oder weibliche Form von personenbezogenen Hauptwörtern. Dies soll jedoch keinesfalls eine Geschlechterdiskriminierung oder eine Verletzung des Gleichheitsgrundsatzes zum Ausdruck bringen. Frauen, Männer und Diverse mögen sich von den Inhalten unserer Publikationen gleichermaßen angesprochen fühlen.

IMPRESSUM

avBUCH _im_ **CADMOS** _Verlag_

Copyright © 2023 Cadmos Verlag GmbH, München

Konzeption & Fachredaktion: Gerald Stiptschitsch, www.garten-haus.at

Lektorat: Martin Betz

Covergestaltung, grafisches Konzept und Satz: Gerlinde Gröll, www.cadmos.de

Fotos am Umschlag: Christoph Böhler

Wiederkehrende Illustrationen: Shutterstock.com/Dejan Jovanovic

Druck: www.graspo.com

Deutsche Nationalbibliothek – CIP-Einheitsaufnahme
Die Deutsche Nationalbibliothek verzeichnet diese Publikation in der
Deutschen Nationalbibliografie; detaillierte bibliografische Daten
sind im Internet über http://dnb.ddb.de abrufbar.

Printed in EU

ISBN 978-3-8404-7585-6

SONDEREDITIONEN
ISBN 978-3-8404-8545-9 (COMPO)
ISBN 978-3-8404-8546-6 (Oberösterreichische Nachrichten)

Foto © Christoph Böhler

VORWORT

Zu meinen erfolgreichsten Gartenbüchern gehört der Titel „365 Gartenfragen & Antworten für intelligente Faule" – ein Bestseller, in dem bis heute viele wichtige Gartenfragen, die mir von Hilfesuchenden gestellt wurden, beantwortet werden. Und ich hatte damals bereits versprochen: „Fortsetzung folgt". Denn die Zeiten ändern sich, und damit kommen auch neue Gartenprobleme und Gartenfragen hinzu. Wärmere Winter und trockenere Sommer sorgen für neue Krankheiten und Schädlinge. Die Veränderungen sorgen aber auch dafür, dass einige Pflanzen, die den Winter im Freien bisher nicht überleben konnten, mittlerweile in einigen Gebieten ausgepflanzt werden können – bestes Beispiel dafür ist die Feige, die mittlerweile in vielen Gärten als Prachtexemplar zu bewundern ist – und damit neue Fragen aufwerfen.

Genauso ist es mit den Gartenirrtümern, von denen ich damals schon zahlreiche richtigstellen konnte. In diesem Band sollen aber weitere und neue „Fake News" vorgestellt und beseitigt werden. Mit meinem 24. Buch zeige ich Ihnen abermals zahlreiche Tipps und Tricks und …

… wünsche Ihnen auch weiterhin einen grünen Daumen, viel Erfolg und vor allem viel Spaß beim Garteln!

*Ihr
Karl Ploberger*

INHALT

DIE HÄUFIGSTEN GARTENFRAGEN ZU DEN VIER JAHRESZEITEN

Über meine Homepage bekomme ich täglich zwischen 20 und 30 Fragen, die ich alle selbst beantworte. Begonnen habe ich mit meinem „Fragepostkasten" vor mehr als zehn Jahren, der wie ein „Problem-Barometer" fungiert. Bevor andere überhaupt merken, dass es ein neues Problem gibt, erkenne ich das schon anhand der Fragen. Dazu gehört etwa das schädliche Auftreten des Buchsbaumzünslers in unserer Gegend, vor dem ich warnte, als mich andere deswegen noch auslachten. Oder aktuell die Chinesische Reiswanze. Genau diese Fragen sind es, die ich hier zusammengefasst habe. Freilich fehlen aber auch die alltäglichen „alten" Sorgen nicht, wie man nun wirklich der Trockenheit ein Schnippchen schlägt und richtig gießt oder welche Pflanzen für den einen oder anderen Standort besonders gut geeignet sind.

Illustrationen © Shutterstock/Dejan Jovanovic, Fotos © Shutterstock/muralind2008, K.-U. Haessler, vnlit, Alie04

Gartenfragen im Frühling

Ich hab in meinem Garten **Schneeglöckchen** gehabt, doch sie werden nun immer weniger. Könnte es sein, dass ein Schädling die Pflanzen vernichtet, denn es kommen nur ganz verrunzelte Blätter aus der Erde?

▶▶ Die Wahrscheinlichkeit, dass die Schneeglöckchen von der Narzissenfliege befallen wurden, ist groß. Es könnte aber auch eine Pilzerkrankung sein. Zwiebel ausgraben und überprüfen: Steckt eine Larve in der Zwiebel, in Zukunft rund um die Schneeglöckchen gut mulchen, dann kann die Narzissenfliege keine Eier ablegen. Bei Pilzbefall: mit Schachtelhalm und EM (Effektiven Mikroorganismen) gießen.

Wir haben letzthin diskutiert und im Internet keine klare Antwort gefunden: Ist das **Schneeglöckchen** bei uns heimisch?

▶▶ So, wie es jetzt vorkommt, könnte man sagen: Ja. Aber tatsächlich ist es vermutlich im 17. oder 18. Jh. aus Kleinasien zu uns gekommen. Zuerst in den Klöstern, dann hat es sich in der Natur – vor allem in vielen Aulandschaften – vermehrt.

Unsere **Schneeglöckchen** sehen ganz anders aus als die, die man oft auf Abbildungen sieht. Im Garten wachsen sie aber nur ganz zögerlich. Was benötigt diese Pflanze?

▶▶ Ihr „Schneeglöckchen" ist vermutlich die Frühlingsknotenblume *(Leucojum vernum)*, mancherorts als Märzenbecher bezeichnet. Diese Zwiebelblume benötigt wechselfeuchte Böden. Ist es zu trocken, verschwinden sie.

Gibt es bei den **Frühlingsknotenblumen** männliche und weibliche Pflanzen: Manche haben an den Blütenblättern grüne, manche aber gelbe Tupfen. Ist das ein sichtbares Zeichen dafür?

▶▶ Nein, die gibt es nicht. Diese unterschiedlichen Farbnuancen sind eine Laune der Natur, genauso wie es eine Sorte gibt, die zwei Blüten an einem Stängel aufweist.

Fotos © Shutterstock/Idalidasia, ju_see, haraldmuc

Ich habe vor Jahren einmal, wie Sie mir geraten haben, die Narzissen im Garten ausgepflanzt. Mittlerweile ist ein ganzes „Nest" mit alljährlich gut 40 Blüten entstanden. Muss man diese Zwiebeln teilen und wann?

►► Die Mininarzisse „Tête à Tête" ist extrem robust und blüht Jahr für Jahr. Damit sie weiterhin kräftig wächst, würde ich den Stock im Mai/ Juni nach dem Einziehen des Laubs teilen und auseinanderpflanzen. So werden sich noch mehr Seitenzwiebeln bilden.

Wie lange muss ich die Narzissenblätter nun wirklich einziehen lassen? Sie sehen im Mai schon nicht mehr schön aus.

►► Damit es im kommenden Jahr wieder Blüten gibt, müssen die Blätter stehen bleiben, bis sie vollkommen vergilbt sind. Dann haben die Zwiebeln genug Kraft gesammelt.

Bei mir halten die Primeln nur einige wenige Tage. Was kann ich ändern?

►► Primeln sind Pflanzen, die in einer sehr kühlen Umgebung

wochenlang blühen. Sie vertragen sogar leichten Frost und sind deshalb auf einem geschützten Balkon schon jetzt eine ideale Bepflanzung. Auch in Treppenhäusern oder unbeheizten Wintergärten fühlen sich die kleinen Frühlingsboten wohl. Später in den Garten setzen.

Meine Rosen treiben oft schon im März stark aus, soll ich sie trotzdem noch schneiden?

►► Ja, unbedingt. Die Rosen wachsen dann viel kräftiger und gesünder. Das gilt vor allem für die Edel- oder Beetrosen. Strauch- und Kletterrosen ausschneiden – generell nun auch düngen!

Meine Rosen haben zuerst sehr schön ausgetrieben, dann hat der Frost aber die neuen Blätter vernichtet. Soll ich sie kräftig zurückschneiden?

►► Vorerst würde ich noch ein wenig warten und beobachten, wo sie wieder austreiben. Danach aber sollte man tatsächlich kräftig schneiden. Die Blüte wird auch dieses Jahr kommen. Vorbeugend mit Schachtelhalm und EM gegen die Pilzkrankheiten sprühen.

Meine Kletterrose hat gleich nach dem Austrieb „verschrumpelte" Blätter bekommen. Welche Krankheit ist das und was kann ich tun?

►► Ich vermute keine Krankheit, sondern Spätfrostschäden. Vorerst abwarten, aber dennoch mit Schachtelhalmextrakt und Effektiven Mikroorganismen zur Stärkung sprühen.

Sie schreiben immer, dass man Rosen auf ein fünfteiliges Blatt zurückschneiden soll. Meine hat aber ein siebenteiliges. Warum ist das so?

►► Einige historische Rosen haben solche Blätter und sind deshalb für die Züchtung bei den Englischen Rosen verwendet worden. Hier eben auf ein siebenteiliges Blatt zurückschneiden.

Wenn ich Rosen überhaupt nicht schneide, blühen sie dann noch? In der Natur schneidet ja auch niemand!

►► Das Argument höre ich oft und tatsächlich kann man bei den Wild-, den Rambler- und den Bodendeckerrosen auf den Schnitt verzichten. Beetrosen würden aber immer weniger blühen und krank werden. Gleiches gilt für Strauchrosen.

Fotos © Shutterstock/Werner Spiess, wiriakom deelert, Supaleka

Unser neuer Rollrasen vom Vorjahr sieht katastrophal aus – braun, grau und praktisch nirgends grün. Wir hatten viel Schnee, der jetzt erst wegging. Was tun?

▶ ▶ Nach dem Abtrocknen ausrechen, mit Bodenaktivator und organischem Dünger versorgen. Der Rasen wird rasch wieder wachsen. Nicht zu kurz mähen und im Juni und September wieder düngen.

Nach dem Winter hat mein Rasen wie ein Acker ausgesehen – lauter Maulwurfshügel. Was raten Sie mir? Gibt es eine biologische Abwehr? Im Radio haben Sie einmal gute Tipps gegeben, die ich aber leider vergessen habe.

▶ ▶ Gute Tipps gibt es viele, aber keine wirken hundertprozentig. In den vergangenen Jahren waren die Maulwürfe und auch Wühlmäuse extrem aktiv. Bei den in vielen Regionen unter Naturschutz stehenden Maulwürfen dürfen Sie nur mit der Geruchtaktik vorgehen. Bewährt haben sich Jauchen (aus Holunderblättern), spezielle Duftkugeln und Fischreste, die direkt in die Gänge gelegt und vergraben werden. Bei Wühlmäusen sind Fallen die beste Abwehr. Bewährt hat sich auch das neue Pflanzen-Stärkungsmittel Protect-M, das aufgesprüht wird.

In meinem Rasen tummeln sich die Regenwürmer und machen lauter kleine Häufchen. Wie kann ich die Tiere vertreiben bzw. wie vernichte ich sie?

▶ ▶ Es handelt sich um den Schwarzkopfregenwurm, der sich extrem vermehrt. Es gibt kein Mittel, daher sofort mit biologischem Dünger (das ist auch gleichzeitig Futter für die Würmer) den Boden versorgen, dann wird der Rasen zum Teppich und es gibt keine Erdhäufchen mehr, die man sieht und die stören. Verbessern kann man die krümelige Struktur durch Quarzsand. Ganz wichtig: Niemals zu kurz mähen – Stufe 3 bis 4 (ca. 4 cm) ist ideal. Die Erdkrümel der Würmer sind übrigens wertvollster Dünger. Sammelt man ihn, kann er auf die Erde von Zimmerpflanzen oder im Gemüsegarten aufgestreut und leicht eingearbeitet werden.

Warum lässt meine im Zimmer vorgezogene Physalis im Freien die Blätter hängen? Gieße ausgiebig und regelmäßig!

Fotos © Shutterstock/Ihsagencia, Bapi Ray, Lumi Studio, Ihor Hvozdetskyi

▶▶ Hier heißt es Geduld haben. Die Pflanze ist die Hitze nicht gewohnt und kann die Blätter mangels ausreichender Faserwurzeln nicht versorgen. Im Halbschatten einige Tage aufstellen und die Erde feucht, aber nicht zu nass halten.

Mein Kirschlorbeer hat vollkommen durchlöcherte Blätter. Welcher Schädling ist das?

▶▶ Das ist kein Schädling, sondern eine Pilzkrankheit, die bei allen Prunus-Gewächsen auftritt: die sogenannte Schrotschusskrankheit. Sprühen Sie ab dem Frühjahr mehrmals mit Schachtelhalmextrakt. Das stärkt die Pflanze.

Kann man gekaufte Pflanzen auch organisch düngen? Da ist doch kein Bodenleben in der Erde und die Mikroorganismen benötigt man ja, um die Düngestoffe in den Biodüngern freizusetzen.

▶▶ Das ist grundsätzlich richtig, aber selbst in normaler Pflanzerde findet man viel Bodenleben. Wichtig: Je gröber die Düngeteile sind, desto länger benötigen die kleinen Tierchen bei der Umsetzung. Je feiner, desto schneller setzt die Düngewirkung ein.

Wie fast jedes Jahr hat der Spätfrost die Hortensien zurückgefroren. Wann schneide ich sie und wie viel? Und wird sie blühen?

▶▶ Ob sie blühen wird, kann man noch nicht sagen. Geschnitten wird in ein paar Tagen, wenn man sieht, wo sie austreibt. Direkt darüber abschneiden. Dann mit Moorbeet-Dünger düngen und immer gut wässern.

Allium, also der Zierlauch, blüht etwa drei, vier Jahre, dann ist es vorbei mit der Blüte. Besonders die großen Blüten des Globemasters verschwinden immer. Was tun?

▶▶ Die Zierläuche sind die ganz großen Nährstofffresser, man kann sie fast nicht genug düngen, damit sie auch langfristig immer wieder blühen.

Die Blätter bei meinem Rhododendron werden von irgendeinem Tier angeknabbert. Ich denke, es sind keine Schnecken. Was für ein Tier kann das sein und was kann ich dagegen unternehmen?

Fotos © Shutterstock/Floki, Svetlana Foote, Alex Manders

▶▶ Ganz eindeutig: Es ist der Dickmaulrüssler. Er wird am besten mit sogenannten Nematoden bekämpft. Diese winzig kleinen, für Mensch und Haustier völlig ungefährlichen Fadenwürmchen sind mit Tonpulver vermengt und werden mit der Gießkanne ausgebracht. Am besten jedes Jahr im Frühjahr und Herbst anwenden. Die Nematoden gibt es beispielsweise von der Firma Biohelp oder Neudorff und sind im Fachhandel oder über Internet erhältlich.

allerdings schon ab Ende August die verblühten Teile wegschneiden, damit sich der invasive Neophyt nicht versamen kann.

Ich möchte gern wissen, wie ich meinen Schmetterlingsflieder zurückschneide.

▶▶ Ein recht radikaler, blütenfördernder Schnitt erfolgt im zeitigen Frühjahr. Sie sollten

Es heißt immer, dass Sommerblumen erst Mitte Mai nach den Eisheiligen ins Freie gepflanzt werden sollen. Ich habe aber jedes Jahr das gleiche Problem: Die Pflanzen gibt es bereits ab April zu kaufen. Das ist zu früh, da ich keinen geeigneten Platz

Fotos © Christoph Böhler, Shutterstock/Scisetti Alfio

bis Mitte Mai im Zimmer habe. Und wenn ich dann im Mai einkaufen gehe, gibt es nur noch eine sehr beschränkte Auswahl. Darf ich mich auch trauen, die Pflanzen schon im April ins Freie zu stellen?

▶ ▶ Ja, Sie dürfen, müssen aber alles so pflanzen, dass Sie die empfindlichen Sommerblumen mit Vlies (doppellagig) schützen. In Blumenkästen gepflanzt, werden sie vor kalten Nächten vorsorglich zum oder ins Haus gestellt.

Kann ich einen Forsythienstrauch nach der Blüte radikal zurückschneiden? Ich möchte einzelne ältere Triebe ganz wegschneiden und die restlichen Triebe auf ein Drittel kürzen.

▶ ▶ Ja, das ist genau der richtige Zeitpunkt. Der Strauch wird wieder austreiben und auch im kommenden Jahr erneut blühen.

Die vergangenen Jahre hatte ich Pech mit meinen Dahlien. Sie wuchsen fast nicht, kamen beinahe nicht aus der Erde, und die Knollen waren teilweise faulig. Der Garten ist vor drei Jahren angelegt worden. Im ersten Jahr waren sie herrlich!

▶ ▶ In neu angelegten Gärten gibt es kaum Schneckenprobleme, erst nach ein bis zwei Jahren sind die lästigen Tiere da und fressen die Knospen Ihrer Dahlien. Ist der Boden auch noch staunass, dann kommt es als Folge meist zu Fäulnis. Daher mein Tipp: Dahlien zuerst in Töpfen vorziehen und ab Ende Mai, wenn die Triebe

Fotos © Shutterstock/Swapan Photography, photosgenius, Ivonne Wienink

gut 15 cm hoch sind, auspflanzen. Notfalls Schneckenkorn auf Eisen-III-Phosphat-Basis (für Biolandbau zugelassen) streuen. Den Boden mit Kompost verbessern und Hornspäne beim Pflanzen einarbeiten.

Ich bekomme dieses Jahr eine ganze Fuhre frischen Pferdemist mit Sägespänen. Wo kann ich den überall verwenden. Ich würde ihn gerne ins Hochbeet geben. Ist das ideal?

▶▶ Bei Pferdemist mit Sägespänen muss man aufpassen. Oft „fressen" die Mikroorganismen, die die Sägespäne aufarbeiten, den gesamten Dünger. Ich würde den Mist ein Jahr liegen lassen und dann erst verwenden.

Wir sind gerade dabei, ein Hochbeet zu bauen. In einem Artikel erwähnten Sie, dass darunter zuvor der Rasen abgetragen werden muss. Warum? Es verrottet doch sowieso alles. Und alle sprechen von „Mist im Hochbeet". Wie wichtig ist der?

▶▶ Das Abheben des Rasens ist kein Muss, aber die Soden sind eine perfekte Abdeckung des Gehölzschnitts, mit dem das Hochbeet zuerst befüllt wird. Mist würde ich nur gut verrottet einfüllen oder 30 cm mit Gartenerde abdecken, damit es zu keinen Verbrennungen kommt.

Ich war dieses Jahr noch nicht einkaufen und habe keinen Dünger. Den vielen Kompost, den ich habe, kann ich aber nicht in die Töpfe bringen. Was tun?

▶▶ Ganz einfach: Komposttee bereiten. Einen Stoffsack mit Komposterde füllen und in einen Eimer Wasser hängen. Den Tee dann am nächsten Tag unverdünnt zu den Kübelpflanzen gießen. Die Erde kann man zwei-, dreimal verwenden, dann auf Beete streuen.

Ich habe von Ihnen gehört, dass ich mit der ersten Schneckenbekämpfung schon im schneefreien Garten beginnen kann. Warum? Und welches Mittel empfehlen Sie?

▶▶ Bei Temperaturen über 5 Grad beginnen die Schnecken „zu leben". Da gibt es noch Futtermangel, daher ist das nun ausgestreute Schneckenkorn besonders wirksam. Unbedenklich für Menschen und andere Tiere sind Mittel mit dem Wirkstoff Eisen-III-Phosphat, die im Fachhandel erhältlich sind.

Meine Gurke, die ich vor ein paar Tagen gekauft habe und die schon Früchte hatte, sieht nun unglücklich aus. Fahles Grün, teilweise leicht welk. Sie steht auf dem Balkon, keine volle Sonne und wird gut gegossen. Was fehlt ihr?

▶▶ Die Pflanze kommt meist direkt aus dem Gewächshaus und leidet an der Umstellung. Also keine Panik, das wird schon!
Aber: Nicht zu viel gießen, wenn sie noch nicht wächst. Sie braucht viel Wasser, aber niemals Staunässe.

Ich war dieses Jahr übereifrig und habe schon Tomaten angebaut. Jetzt werden die Pflänzchen aber immer länger und länger. Was soll ich machen?

▶▶ Tomaten-Sämlinge, die zu lang werden, kann man „schrumpfen". Die Pflanzen aus der Saatschale nehmen. Die zu langen Stängel um einen Finger wickeln und dann diese zusammengedrehten Triebe in Töpfe unter die Erde setzen. Die Pflanzen bekommen dort sofort Wurzeln und wachsen, wenn sie nun genug Licht haben, kompakt weiter.

Ab wann kann ich meine vorgezogenen Tomaten ins Freie stellen? Sie sind schon so lang!

►► Zeit lassen und die Temperaturen im Blick halten! Ist das Frühjahr sehr kalt, erst gegen Ende April/Mitte Mai setzen. Im Kleingewächshaus etwas früher. Besonders lang gewordene Pflanzen deutlich tiefer setzen.

Ich habe Salatsamen in Anzuchterde gesät. Sie keimten rasch, wurden aber dann extrem lang und fielen um. Sie sind nicht zu verwenden. Was mache ich falsch?

►► Ganz einfach: Die Saatschalen standen zu dunkel und vermutlich auch zu warm. In den ersten Tagen ist Wärme gut, doch wenn die Samen keimen, benötigen sie viel Licht und kühle Temperaturen, nur dann bleiben sie kompakt.

Meine Erdbeeren haben sich, so wie jedes Jahr, extrem vermehrt. Ich kann gar keinen Kompost zu den Pflanzen geben. Ich würde am liebsten alle ausgraben und neu pflanzen. Geht das?

►► Erdbeerbeete sollte man immer gleich nach der Ernte im August „pflegen". Die Ableger ausgraben, den Boden lockern, Unkraut entfernen und mit Kompost und organischem Dünger versorgen sowie mulchen. Jetzt im Frühjahr sollte man bei Erdbeeren nicht mehr jäten.

Ich möchte gern Schwarzbeeren im Garten haben. Wie mache ich das?

►► Garten- (oder Kultur-)Heidelbeeren gedeihen nur in saurer Erde – so wie die Rhododendren. Am besten ein kleines Hochbeet (30 bis 40 cm hoch) anlegen und mit Gehölzschnitt, Wald- oder Rhododendron-Erde füllen. Mindestens zwei Pflanzen setzen, dann ist die Befruchtung besser.

extra*TIPP*

Was ist die Spitzendürre?

Die Spitzendürre (Monilia laxa) ist ein Pilz, der alle Steinobstsorten (Marillen, Kirschen, Zwetschken, Nektarinen, Pfirsich), geringer auch die Kernobstarten, befallen kann. Er tritt gleich nach der Blüte auf, die Blüten werden rasch braun, fallen ab und es bilden sich keine Früchte. Kurz darauf stirbt auch der Zweig oder Ast ab. An der Grenze zum gesunden Astteil kann es zu Gummifluss kommen. Der Pilz überwintert mit seinen Sporen in den befallenen und am Baum hängen gebliebenen Blütenbüscheln, Zweigpartien sowie Fruchtmumien und bildet zeitig im Frühjahr massenhaft Sporen, die durch Wind, Regen und Insekten (v. a. Bienen) verbreitet werden. Sobald sich die Blüten öffnen, dringen die Sporen über die Blüten in die Pflanze ein. Ein Befall verschlimmert sich bei Feuchtigkeit und kühleren Temperaturen, wodurch die Blüten länger geöffnet bleiben.

Als Erstes sollten Sie rasch die befallenen Astpartien, Zweige oder Aststummel mit einer scharfen Schere abschneiden (Schnittgut entsorgen und nicht kompostieren!). Selbst wenn beim Steinobst der beste Schnittzeitpunkt nach der Ernte im Sommer erfolgen sollte, ist jetzt nicht zu zögern. Dabei sollten Sie die abgestorbenen Zweige bis etwa 5 bis 10 cm ins gesunde Holz schneiden, auch den evtl. vorhandenen Gummifluss entfernen.

Unser Marillenbaum, aus Kern gezogen, hatte vergangenes Jahr schon Früchte. Nun ist der Stamm zerkratzt und ohne Blüten. Überlebt er?

▶▶ Man muss abwarten, ob noch Blätter kommen, aber Katzen können jungen Baumstämmen ziemlich zusetzen. Mit Kleintiergitter die Stämme schützen und evtl. Wundbalsam auftragen.

Bei meinem Marillenbaum sind so viele Triebe welk geworden. Ich habe schon einmal einen Baum verloren. Wird der neue, drei Jahre alte Baum wieder sterben?

▶▶ Das kann man leider nicht genau sagen, aber wenn nur die Endtriebe welk werden, dann ist das die Spitzenmonilia. Sofort ins gesunde Holz zurückschneiden und die Schere zwischendurch immer mit Alkohol reinigen. Gefährlicher ist die Apoplexie („Schlagtreffen"). Hier stirbt der gesamte Baum innerhalb weniger Tage und ist nicht zu retten. Stress, Krankheitsbefall und Frost sind die Ursachen.

Mein fünf Jahre alter Apfelbaum hat dicke Knospen, aber bis jetzt nicht ausgetrieben. Wenn ich an der Rinde kratze, ist es grün. Was tun?

Fotos © Shutterstock/Zoran Milosavljevic; Tom Meaker, Olha Vlasuik

►► Warten! Die Wahrscheinlichkeit, dass sich die Wühlmaus im Winter an den Wurzeln zu schaffen gemacht hat, ist sehr groß. Probieren Sie, ob der Baum noch fest verwurzelt ist, indem Sie am Stamm ziehen. Den nächsten Baum im Gitterkorb pflanzen.

Ich muss einen viel zu großen Feigenbaum (zehn Jahre alt) umpflanzen. Wann mache ich das und muss er zusammengeschnitten werden?

►► Man kann ihn umsetzen und er wird höchstwahrscheinlich überleben. Allerdings muss er

ganz stark auf gut einen halben Meter eingekürzt werden. Möglichst großen Wurzelballen belassen. Bester Zeitpunkt: Frühjahr, kurz vorm Austrieb.

Ist es richtig, dass man Petersilie zu Karotten und Zwiebeln pflanzen soll, damit sie stärker wächst? Angeblich sollen Tomaten einen besseren Geschmack bekommen, wenn zwischen den Pflanzen Sellerie gesetzt wird. Ist das auch richtig?

►► Die Mischkultur ist eine ganz wichtige Komponente des biologischen Gärtnerns. In bunter Mischung wird gepflanzt, damit sich Pflanzen zum Beispiel gegenseitig helfen – der Duft der Karotte vertreibt die Zwiebelfliege, umgekehrt verscheucht die Zwiebel die Karottenfliege. Manche Pflanzen verbessern den Geschmack – da ist aber die feine Zunge jedes Einzelnen gefragt.

Gartenfragen im Sommer

Ist die Krötenlilie giftig?

▶▶ Ja, sie ist – wie fast alle Lilien – giftig, und zwar in allen Pflanzenteilen. Sie löst bei Verzehr Übelkeit, Kopfschmerzen, Erbrechen und Benommenheit aus.

Wohin ich auch blicke, überall finden sich bei meinen Pflanzen in den Blättern Gänge von Miniermotten – Akeleien, Primeln, Nachviolen. Bin ganz verzweifelt!

▶▶ Hier könnte ein Neem-Spritzmittel Abhilfe schaffen, das die Häutung der Tierchen verhindert und sie so zum Absterben bringt. Nie in der Früh anwenden, kann zu Verbrennungen an der Pflanze führen.

Warum heißt es, dass man rund um die Sommersonnenwende die Laubhecken schneiden soll?

▶▶ Der Sommerschnitt bei den Hecken (auf Vogelnester achten!) bringt die Hecke in Form und sorgt für einen geringen Austrieb danach, der die Hecke besonders perfekt geschnitten erscheinen lässt. Man kann Hecken natürlich auch im Winter (an frostfreien Tagen) schneiden. Im Frühjahr kommt dann ein (sehr kräftiger) Neuaustrieb.

In unserem Garten ist eine Invasion von Feuerwanzen. Sie krabbeln in endlosen Kolonnen auf Bäume, bilden dicke Klumpen und sind praktisch überall. Was kann ich tun?

▶▶ Im Prinzip sind die Feuerwanzen harmlos. Aufkehren und wegbringen ist eine Möglichkeit, wenn das Ignorieren nicht reicht. In extremen Fällen kann man mit Kieselgur stäuben, das vergrämt die Tierchen.

Ich habe mir einen Rasenroboter gekauft. Mir wurde gesagt, ich muss nie mehr düngen. Stimmt das?

► ► Das stimmt im Prinzip, denn der Rasen wird „gemulcht" und düngt sich damit selbst. Ich rate allerdings, in den ersten zwei bis drei Jahren (je nach Bodenqualität) zumindest einmal pro Jahr zu düngen. Am besten im September eine Herbstdüngung, das kräftigt die Gräser.

Nachbarn vernichten Unkraut am Weg nun mit Salz, weil sie kein Glyphosat mehr verwenden wollen. Ist das schädlich?

► ► Grundsätzlich ist Salz extrem wasserlöslich und wird rasch ausgespült, dennoch ist es für viele Gartenpflanzen eine Problem, wenn der Boden versalzt ist. Besser ist, das Unkraut mechanisch zu entfernen – mit Drahtbürsten oder durch Jäten.

Meine Obstbäume haben so viele Wassertriebe, soll ich alle wegschneiden?

► ► Offenbar wurde der Baum falsch oder zu viel

geschnitten. Wenn, dann nur ein Drittel herausreißen, nicht schneiden. Das verhindert den Neuaustrieb.

An meinem Phlox befindet sich Mehltau. Jährlich sind im Spätsommer die Blätter „gezuckert". Was tun?

► ► Die Pilzkrankheit befällt nicht nur Phlox, sondern auch viele andere Gartenpflanzen. Vermeiden Sie einen zu dichten Standort der Pflanzen, damit die Blätter nach dem Regen rasch abtrocknen können. Ansonsten gibt es mehrere Pflanzenstärkungsmittel, die vorbeugend gespritzt werden. Wichtig ist, dass Sie schon bei Vegetationsbeginn im Frühjahr mit der Spritzung beginnen und eine Wiederholung etwa alle zehn bis 14 Tage vornehmen.

Fotos © Christoph Böhler, Shutterstock/Alex_Traksel, XIE WENHUI, Pelevina Ksinia

Mein Nachbar hat einen Wasserdost an die Grundgrenze gesetzt, jetzt ist eine Serbische Fichte bei mir eingegangen. Kann das mit der Pflanze beim Nachbar zusammenhängen?

►► Nein, mit Sicherheit nicht. Allerdings ist der Baum ein Opfer der mehrjährigen Sommertrockenheit geworden. Große, alte Bäume benötigen zwischen 150 und 400 Liter Wasser. Daher, so gut es geht, großflächig im Wurzelbereich gießen. Das ist die einzige Chance, alte Gehölze an nicht ganz optimalen Standorten zu schützen.

Sie sagen immer, Ramblerrosen schneidet man nicht. Doch was tun, wenn sie alles überwuchern?

►► Selbstverständlich kann man die stark wachsenden Kletterrosen, also die Ramblerrosen oder Schlingrosen, wie sie früher genannt wurden, schneiden. Nur erreicht man oft die Triebe hoch oben in den Bäumen nicht. Was an Ästen stört, einfach wegschneiden. Die Pflanze wächst dann doppelt so stark dort weiter.

Wann dünge ich die Rosen nun wirklich? Mein Vater hat immer nur im Herbst frischen Mist zu den Rosen gegeben und das war's. Sie blühten herrlich!

►► Frischer Mist enthält viele Nährstoffe, die über den Winter in die Erde gewaschen werden. Das ist perfekt. Wer organische Dünger (oder auch Kunstdünger) verwendet, der versorgt die Rosen im Frühjahr. Dünger im Umkreis der

Rosen aufstreuen und leicht einarbeiten. Die zweite Düngung erfolgt nach der Blüte.

Ich möchte meine alten Rosen austauschen – muss ich die Erde wechseln?

▶▶ Zuerst: Rosen werden nicht alt, gut mit Kompost und Dünger versorgen und im Frühjahr kräftig schneiden. Wiederum düngen und dann wächst die Rose wieder. Wenn man sie ersetzt, dann Erde tauschen!

Bei meinen Strauchrosen sind nun sehr lange „Wassertriebe" gewachsen. Muss ich die herausschneiden oder kann ich sie belassen? Es sind mit Sicherheit keine Wildtriebe!

▶▶ Diese Triebe sollte man, wann immer genug Platz ist, nicht wegschneiden, sondern in der gesamten Länge belassen, denn sie sind im kommenden Jahr voll mit Blüten. Einkürzen ist natürlich möglich.

In einigen Rosenblüten ist nun plötzlich nicht nur der metallische grün-glänzende Rosenkäfer, sondern auch ein schwarzer mit weißen Punkten, der ähnlich groß ist. Wer ist hier in meinen Rosenblüten auf Besuch?

▶▶ Das ist der Trauerrosenkäfer, der von Blütenpollen lebt. Er taucht nur in ganz wenigen Exemplaren auf und gilt als gefährdete Art. Am besten einfach ignorieren oder noch besser: sich freuen, dass man einen Naturgarten hat, wo ein Stück Ursprung zu finden ist.

Wir haben eine Invasion an Ameisen – rote und schwarze. Sowohl im Hochbeet als auch im Rasen und direkt bei der Haustür sind Massen. Was tun – ohne Gift?

▶▶ Beste Methode ist das Stäuben mit Kieselgur (im Fachhandel). Das Pulver ist ungiftig, soll aber nicht eingeatmet werden. Es trocknet die Tiere (auch Asseln etc.) aus, der Bau wird sofort aufgelöst. Auch das Stäuben auf Ameisenstraßen zeigt gute Wirkung.

Ich habe seit einiger Zeit zahlreiche Löcher mit etwa drei bis vier Zentimeter Durchmesser im Hochbeet. Mausefallen mit Speck blieben unberührt. Was tun?

▶▶ Die Feldmäuse kann man nicht mit Speck fangen. Sie fressen Samen, Knollen und Blätter. Fallen (am besten Kastenfallen) mit Sonnenblumenkernen als Köder aufstellen und so lange wiederholen, bis sie einige Tage leer bleiben.

In meinem Hochbeet sind viele „grausliche" Viecherln. Sie sehen aus wie weißbraune Maden mit hunderten Beinchen. Ich vermute, sie haben mir auch meine Pflanzerln angebissen. Was mache ich falsch und was kann ich dagegen tun?

▶▶ Diese „grauslichen Viecherln" sind eine Art der Tausendfüßer. Sie kommen normalerweise in Komposthaufen vor, und damit scheint schon das Problem klar zu sein: Sie haben zu viel (unreifen) Kompost in die oberste Schicht des Hochbeets eingefüllt. Entfernen Sie die oberste Erdschicht und füllen Sie das Beet mit einer normalen Gartenerde oder einer speziellen Hochbeeterde auf.

mehr*WISSEN*

Grüne Reiswanze – ein neuer Schädling

Kleine schwarz-bunte „Käfer" mit weißen Punkten – so präsentieren sich die Larven der Grünen Reiswanze (Nezara viridula). Bis vor Kurzem waren die Winter in unseren Breiten für diese Baumwanzenart zu streng, um sich hier dauerhaft anzusiedeln. Durch das veränderte Klima tritt sie nun auch vermehrt in Österreich auf. Die Grüne Reiswanze wird als Schädling eingestuft, da sie an verschiedensten Wirtspflanzen Saugschäden verursacht. Betroffen sind v. a. Paprika, Paradeiser, Gurken, Melanzani und andere Gemüsekulturen, aber auch Hülsenfrüchte. Bei Obstkulturen

werden v. a. Äpfel, Birnen, Himbeeren, Brombeeren, Johannisbeeren und Holunder befallen. Die betroffenen Früchte zeigen u. a. weißliche Flecken, nekrotisches Gewebe und Deformationen. Zudem kommt es zu Geschmacksbeeinträchtigungen durch die Absonderung eines unangenehm riechenden Sekrets.

Larvenstadium

Die drei bis fünf weißen Pünktchen am Panzer der erwachsenen Tiere unterscheiden die Grüne Reiswanze von der heimischen Grünen Stinkwanze

Fotos © Christoph Böhler, Shutterstock/amat chant, Birgit Bierschenk, Sendo Serra

Überall sind bei uns Wanzen. Die Früchte stinken dann so – was kann ich tun?

▶▶ Problematisch sind vor allem die Chinesischen Reiswanzen. Die Reiswanze hat am Schild drei weiße Punkte. So ist sie gut erkennbar. Sie beißt Tomaten, Obst und Beeren an und macht sie ungenießbar. Bewährt hat sich ein Sprühen mit Maltodextrin (ein Traubenzucker aus Mais). Mit 20 g auf 1 Liter Wasser bei Sonnenschein zu Mittag die Pflanzen sprühend abwaschen. Das verklebt die Flügel und die Atemöffnungen der Tierchen. Tropfnass sprühen.

Bei uns ist vergangenes Jahr die Tomatenernte fast völlig ausgefallen, weil die Chinesische Reiswanze die Früchte angebissen und durch ihre Ausscheidungen ungenießbar gemacht hat. Gibt es ein Mittel, das Sie uns empfehlen können?

▶▶ Dieser „neue" Schädling treibt seit einigen Jahren sein Unwesen – vor allem im Osten und Süden Österreichs, aber auch andernorts taucht er auf. Die Bekämpfung mit Biomitteln ist nicht einfach. Die Eigelege (oft 100 und mehr) bekämpft man mit einem ölhaltigen Präparat (Austriebsspritzmittel auf Rapsölbasis), tauchen

Larven auf, können Sie ein Neem-Mittel (das verhindert die Häutung) verwenden. Die ausgewachsenen Wanzen kann man mit einem Mittel auf Pyrethrumbasis bekämpfen.

Bei meinen Tomaten sind dutzende kleine schwarze Käfer zu finden – was könnte das sein?

▶▶ Das sind die Chinesischen Reiswanzen, die in den vergangenen Jahren sehr häufig aufgetaucht sind. Absammeln und vernichten wird vorerst noch reichen. Langfristig mit biologischen Insektiziden sprühen.

Bei meinen Tomaten rollen sich die Blätter ein. Welche Krankheit ist das? Ich setzte sie in neuer Erde, organischen Dünger und gieße wöchentlich mit Brennnesseljauche.

▶▶ Hier gibt es keine Krankheit, sondern das ist eindeutig ein Zeichen von zu viel Stickstoff – aber das ist in diesem Stadium kein Problem.

Fotos © Shutterstock/sophiecat, Jacek Fulawko, Digihelion

Beginnt nun das ganz kräftige Wachstum, dann werden die Pflanzen die Nährstoffe brauchen. Mit der Brennnesseljauche würde ich in diesem Fall aber erst Ende Juni düngen.

Wieder einmal ein Tomatenproblem! An der Unterseite der Früchte ist ein brauner Fleck – warum?

▶▶ Das ist keine Krankheit, sondern ein Mangel an Calcium, der bei hohen Temperaturen und unregelmäßigem Gießen auftritt. Mit organischem Volldünger versorgen, regelmäßig gießen und die Früchte nicht wegwerfen. Sie reifen aus, können verwendet werden und nur der braune Fleck muss weggeschnitten werden.

Wir haben schon seit vielen Jahren Lauch im Garten gepflanzt. Anfangs mit großem Erfolg, nun aber blüht er, wird innen hohl. Er steht immer am gleichen Platz!

▶▶ Der letzte Satz war der Schlüssel. Lauch (und viele andere Gemüsearten auch) sind selbstunverträglich. Erst nach vier bis fünf Jahren an den gleichen Platz, sonst sind Krankheiten und Schädlinge da.

Fotos © Christoph Böhler, Shutterstock/Tetiana Rostopia, Dean Clarke

Meine Gurkenpflanzen sind im vergangenen Jahr zunächst kräftig gewachsen und dann plötzlich im August eingegangen. Die Blätter hatten zwar einen leicht weißlichen Belag, daran kann es aber nicht gelegen haben. Was ist schuld?

►► Ich vermute die Gurkenwelke als Ursache. Diese tritt vor allem dann auf, wenn mehrere Jahre hintereinander Gurken am selben Platz gesetzt wurden. Daher in so einem Fall eine „veredelte" Gurke kaufen, wenn man die Erde nicht austauschen will. Die Wurzeln des Feigenblattkürbisses sind robust und widerstehen der Pilzattacke. Ganz wichtig aber: Gurken benötigen Wärme. 18 Grad – auch in der Nacht.

Was kann ich gegen Mehltau und die gelblichen Blätter bei Gurken unternehmen?

►► Mehltau ist der Schönwetterpilz, den Gurken ist es zu heiß. In Zukunft Sorten wählen, die resistent sind. Hellgrüne Blätter sind auf Düngermangel oder auf Spinnmilben (an der Blattunterseite) zurückzuführen. Schmierseifenlösung hilft gegen den Befall.

Im Supermarkt kann ich immer wieder dicke Krenwurzeln entdecken. Meine Krenwurzeln im Garten bleiben allerdings meist dünn und brechen sogar bei der Ernte ab. Sorten gibt es allerdings keine. Wie bekomme ich meine Wurzeln also dicker?

►► Kren oder Meerrettich wird am besten im Herbst geerntet, wenn sich die Pflanzensäfte in die Rhizome zurückziehen und der Kren dann einen intensiveren Geschmack erhält. Dabei wird mit der Ernte gewartet, bis das Laub abgestorben ist. Kräftige Hauptwurzeln können Sie in feuchtem Sand vorübergehend einschlagen und somit lagern. Damit die Hauptwurzel besonders dick wird, gibt es einen Trick: Graben Sie in etwa 50 cm Tiefe eine Eisenplatte unter den Wurzeln ein. Damit können diese nicht weiter nach unten dringen und wachsen so notgedrungen in die Breite. Die dünnen Seitenwurzeln können Sie gezielt für eine Neuanpflanzung verwenden. Übrigens gibt es auch beim Kren Sorten: etwa „Susdal", „Riga" oder „Jelgava". Der Handel unterscheidet jedoch lediglich nach der Herkunft und sie haben im Hobbyanbau auch kaum eine Bedeutung.

Fotos © Gerald Stiptschitsch, Shutterstock/Diomsvera, giedre vaitekune

Mein Rhabarber beginnt meist Ende des Sommers kräftig zu wachsen. Darf ich dann noch ernten?

▶▶ Einige wenige Stangen werden nicht schaden, aber grundsätzlich sollte man ab Mitte Juni nicht mehr ernten, da die Pflanze dann viel Oxalsäure enthält, die für Menschen mit Nieren- oder Gallenleiden problematisch ist.

Bei einigen Brombeeren sind Teile der Früchte nicht ganz schwarz und bleiben grün oder rot. Die Frucht ist steinhart und nicht zu verwenden. Welche Krankheit ist das?

▶▶ Vermutlich ist die Brombeergallmilbe an den Früchten. Betroffene Beeren sofort entfernen und in der Mülltonne entsorgen. Macht man das nicht, vermehrt sie sich sehr rasch und kann innerhalb von wenigen Jahren ganze Kulturen befallen.

Unsere Brombeeren bekommen plötzlich dunkle Flecken und die Früchte reifen nicht aus. Die Nachbarin hat Efeu gepflanzt, ist der schuld?

▶▶ Da ist einmal ganz sicher der Efeu nicht schuld, sondern die eher feuchtere Witterung im vergangenen Jahr. Was allerdings Auswirkungen haben kann, ist der Schatten. Die Kultur-Brombeeren stehen gerne sonnig. Vorbeugend mehrmals mit Schachtelhalmpräparaten und Mikroorganismen sprühen, das stärkt die Pflanzen gegen Pilzkrankheiten, die sich offenbar breitgemacht haben.

Unsere Stachelbeere ist heuer voll mit Mehltau. Sollen wir sie roden und eine neue setzen?

▶▶ Ich würde jetzt einmal mit Schachtelhalmextrakt und Effektiven Mikroorganismen sprühen. Im kommenden Frühjahr – beim Austreiben – auch noch etwas Netzschwefel zugeben. Sollten Sie dennoch die Pflanze ersetzen wollen, die gelb-grüne „Invicta" gilt als sehr mehltauresistent.

Stimmt es, dass man eigentlich im August ein Erdbeerbeet anlegen sollte?

▶▶ Ja, das ist richtig. Jetzt sollten Sie die schönsten Ableger (mit Wurzeln) von den bestehenden Erdbeerpflanzen abnehmen und in einem gut vorbereiteten Beet pflanzen. Achten Sie darauf,

Fotos © Christoph Böhler, Gerald Stiptschitsch, Shutterstock/Art Zuka, Tim UR

Unser alter Apfelbaum, auf den eine herrlich blühende Ramblerrose gewachsen ist, stürzte leider um. Nun liegt die Rose am Boden. Was können wir tun?

▶ ▶ Das Problem tritt leider immer wieder auf, daher zwei Vorschläge: Zunächst einmal sollte man bei ganz alten und schon morschen Bäumen unbedingt ein Stahlgerüst zur Festigung errichten. Ist es dafür zu spät, hat es sich bewährt, ein Dreibein aus massiven Holzstämmen zu bauen und daran die Rose festzubinden. Auch wenn man sie zunächst einmal zurückschneiden muss, wird sie bald wieder kräftig austreiben.

An meinen beiden vier Jahre alten Birnbäumen entwickeln sich zwar Früchte, aber an den Blättern erscheinen orange Flecken und die Birnen werden braun und fallen vorzeitig ab. Ich vermute Birnenrostbefall. Was kann ich tun?

▶ ▶ Die Infektion mit dem Birnengitterrost findet nach dem Öffnen der Knospen in den darauffolgenden Tagen statt. Daher zu diesem Zeitpunkt mit Pilzpräparat (Schachtelhalm mit Netzschwefel) sprühen. Pflanzenstärkend das Schachtelhalmpräparat danach mehrmals anwenden.

dass es unkrautfrei ist, und mulchen Sie dünn mit Rasenschnitt. Erdbeeren bilden nun viele Blätter und setzen gegen Ende des Gartenjahrs bereits die Blütenknospen fürs kommende Jahr an.

Meine Obstbäume haben so viele Wassertriebe, soll ich alle wegschneiden?

▶ ▶ Offenbar wurde der Baum falsch oder zu viel geschnitten. Wenn, dann nur ein Drittel herausreißen, nicht schneiden. Das verhindert den Neuaustrieb.

31

Ein uralter, sehr großer Nussbaum sollte geschnitten werden. Wann ist der beste Zeitpunkt und wie viel darf geschnitten werden?

Mein Zwetschkenbaum sieht fürchterlich aus – beinahe so, als ob er morgen eingeht. Ist er noch zu retten?

▶▶ Diese Frage kommt häufiger vor. Pilzkrankheiten und Blattläuse setzen diesem Baum (genauso wie den Ringlotten) extrem zu. Hohe Temperaturen begünstigen die Ausbreitung der Pilzsporen. Mit Schachtelhalmextrakt, Effektiven Mikroorganismen und etwas Netzschwefel (im Biogarten zugelassen) sprühen. Ganz abgestorbene Äste abschneiden.

▶▶ Der beste Zeitpunkt für den Schnitt ist der August. Generell sollte man keinen zu starken Rückschnitt durchführen, sonst verliert er die schöne Wuchsform und wächst nach dem Schnitt noch kräftiger. Immer darauf achten, dass man ableitend schneidet. Das bedeutet, dass gleich unterhalb des Schnitts ein bestehender Ast den Wuchs fortsetzt und es zu keiner Besenbildung kommt. Also auf einen Seitenast schneiden und nicht bloß Äste „amputieren".

***extra*TIPP**

Feigenbaum richtig schneiden

Feigenbäume können bis zu zehn Meter hoch werden. In den meisten Fällen werden sie jedoch breiter als hoch, was Gartenbesitzer oft zur Baumschere greifen lässt. Seinen hohen Platzbedarf sollte man daher schon vor dem Einpflanzen einkalkulieren.

Damit ein Feigenbaum nicht allzu ausladend wird und neue Triebe entstehen können, ist ein bedarfsgerechter Schnitt wichtig. Der richtige Zeitpunkt dafür ist nach dem Winter und vor dem Laubaustrieb, also zwischen Februar und März.

Mit dem Schnitt im zeitigen Frühjahr werden abgefrorene Triebe und einander kreuzende Äste entfernt. Nutzen Sie auch die Gelegenheit, die Krone bei Bedarf etwas auszulichten. Damit das Endergebnis zufriedenstellend ist, markieren Sie am

besten zunächst alle betreffenden Äste, bevor Sie mit dem Schneiden beginnen. So behalten Sie das Gesamtbild im Auge und einen schönen und natürlichen Habitus.

Arbeiten Sie von unten nach oben und schneiden Sie stets auf eine nach außen weisende Knospe oder Verzweigung zurück. Entfernen Sie dabei keine zweijährigen Triebe – an ihnen entwickeln sich nächstes Jahr die Früchte.

Bei Feigenbäumen mit innen verkahlter Krone hilft ein radikaler Rückschnitt, auf den sie mit einem willigen Neuaustrieb reagieren. Ein solcher größerer Eingriff sollte allerdings nur maximal alle sechs Jahre stattfinden. Die Ernte lässt dann allerdings auch ein Jahr auf sich warten.

überleben, denn beim Umsetzen wird sie viele der wichtigen Faserwurzeln verlieren. Im Herbst nach dem Laubfall kann man sie dagegen problemlos woanders platzieren.

Gibt es Weintrauben, die besonders robust sind? Wir leben auf 500 Meter Seehöhe, sehr sonnig, aber leider auch windig.

▶ ▶ Mittlerweile gibt es so viele sogenannte Resista-Trauben. Gute Erfahrungen habe ich mit der weißen Traube „Bianca" gemacht oder mit der blauen Traube „Muscat bleu", einer besonders robusten Sorte, die in der Schweiz gezüchtet wurde.

Unter unserem Walnussbaum wächst nichts! Haben Sie einen Ratschlag, welche Pflanzen sich mit dem Baum vertragen?

▶ ▶ Unter Walnussbäumen sind Sitzplätze ideal: Der Geruch eines ätherischen Öls in Blättern und Fruchtschalen vertreibt Fliegen, Flöhe, Läuse, Motten, Mücken, Wanzen und andere Insekten – und das Blätterdach hält Regen sehr lange ab. Ältere Blätter, Walnussschalen und Wurzeln geben an den Boden einen Stoff ab, der durch Mikroorganismen in einen starken Gerbstoff umgewandelt wird. So wachsen unter Nussbäumen meist nur Buschwindröschen, Brombeeren und Gräser.

Unsere Feige hat völlig zerfresse Blätter, wächst aber ansonsten gut. Schädling oder Krankheit?

▶ ▶ Das ist die Feigenblattmotte, sie tritt manchmal, regional auch stark, auf. Die Raupe dieses Nachtschmetterlings frisst die Blätter und lebt unter einem Spinngeflecht. In dieser Zeit kann sie problemlos und ohne Schaden für andere Nützlinge mit XenTari bekämpft werden. An sehr exponierten Standorten kann die Spinnmilbe auftreten, manchmal auch Wollläuse. Ist aber eher selten und wird mit Rapsölpräparaten bekämpft.

Bei mir hat sich an einer absolut unpassenden Stelle eine Traubenkirsche wild angesiedelt. Kann ich sie jetzt umsetzen?

▶ ▶ Nein, das geht jetzt nicht mehr. Die Pflanze wird wahrscheinlich nur mit 50%iger Chance

Meine Feige bekommt nur ganz kleine Früchte, die ganz trocken sind und abfallen. Was muss ich tun, um saftige Feigen zu bekommen?

►► Offenbar handelt es sich um eine nicht selbstfruchtende Feige, wie man sie oft als Ableger aus dem Urlaub mitnimmt. Die Pflanze setzt zwar Früchte an, aber sie werden nicht reif, weil die Feigengallwespe bei uns nicht heimisch ist. Als Blatt-Schmuckpflanze ist sie schön, für Früchte muss man sie austauschen.

Meine Feige ist nun schon zu einem stattlichen Strauch gewachsen. Allerdings reifen nur einige wenige Feigen, der Rest fällt ganz klein ab. Die Pflanze zog ich aus einem Steckling einer Feige aus Südkroatien. Kann ich irgendwas tun, um mehr Früchte zu ernten?

►► Leider keine gute Nachricht. Die sogenannte Feigengallwespe fehlt bei uns, daher kommt es zu keiner Befruchtung und bis auf ganz wenige Früchte fallen alle ab. Daher nur selbstfruchtende winterharte Feigen bei uns kaufen, dann kann man wirklich ernten.

Ich muss einen viel zu großen Feigenbaum (zehn Jahre alt) umpflanzen, wann mache ich das und muss er zusammengeschnitten werden?

►► Man kann ihn umsetzen und er wird höchstwahrscheinlich überleben. Allerdings muss er ganz stark auf gut einen halben Meter eingekürzt werden. Möglichst großen Wurzelballen belassen. Bester Zeitpunkt: Frühjahr, kurz vorm Austrieb.

Meinen Marillenbaum „Ungarische Beste" hat leider nach acht Jahren „der Schlag getroffen". Welche Sorte empfehlen Sie für eine Neupflanzung in rauem Klima? Ich möchte gern wieder einen Marillenbaum setzen.

►► Die „Ungarische Beste" ist sicherlich die beste Gartensorte, weil die Früchte nicht gleichzeitig reifen. Den Boden austauschen und möglichst durchlässige Erde (teilweise Ziegelbruch) einfüllen. Idealer Standort ist Nordost- oder Nordwestseite. Und ganz wichtig: Die ersten Jahre die Früchte stark ausdünnen. Vier Finger sollten zwischen den Früchten Platz finden, sonst verausgabt sich der Baum wieder.

Meine Marillen haben an den Früchten viele braune Flecken, manche warzenartig. Was tun?

▶▶ Mit großer Sicherheit handelt es sich um Schorf. Vorbeugend sollte man im kommenden Jahr alle Fruchtmumien (eingetrocknete Früchte am Baum) entfernen und mit Schachtelhalmextrakt und Effektiven Mikroorganismen zeitig im Frühjahr spritzen. Die Pilze überwintern an den Trieben oder als Sporen in der Rinde.

Im Garten meiner Eltern steht ein uralter Marillenbaum mit hervorragenden großen Früchten. Kann ich den durch Kerne vermehren?

▶▶ Nein, das geht nicht. Da käme höchstwahrscheinlich wieder eine neue Sorte heraus. Am besten von einem Experten Reiser schneiden und veredeln lassen. Bei uns am besten auf die Zwetschke als Unterlage, die wächst am besten auf unseren Böden.

Wir haben vor mehr als 20 Jahren einen Kaki-Kern in die Erde gelegt. Daraus ist ein großer Baum mit einem Super-Ertrag geworden. Er bildet Ausläufer, die wir abtrennen, die aber bisher nicht weitergewachsen sind. Wie vermehrt man den Baum?

▶▶ Das ist offenbar wirklich ein ganz tolle neue „Züchtung"! Am besten sticht man die Ausläufer

mit einem scharfen Spaten ab und belässt sie in der Erde. Erst im Herbst des kommenden Jahres dann verpflanzen. So bildet der neue Baum im engen Umfeld frische Wurzeln.

Mein Rosmarin hat (wieder einmal) nicht überlebt! Ich versuche es dieses Jahr erneut. Gibt es einen Tipp, wie ich es richtig mache?

▶▶ Ja, den gibt es! Rosmarin kommt aus dem Mittelmeerraum und ist dort eine Strandpflanze. Rosmarinus bedeutet „Tau des Meeres". Daher ist das Substrat, in dem man die Pflanze meist kauft, nicht ideal: Das bessere Substrat besteht zu $1/3$ aus Sand, zu $1/3$ aus Kies und der Rest ist ganz normale Gartenerde. Ein paar Hornspäne dazu – und das war's. Volle Sonne und keine Staunässe. Da wird sich die Pflanze wohlfühlen.

Fotos © Christoph Böhler, Shutterstock/Photoongraphy, MarcoFood

Gartenfragen im Herbst

Ich habe in den vergangenen Jahren viele **Schneeglöckchen** im Herbst in den Boden gesetzt, aber nur ganz wenige Zwiebeln sind gewachsen. Was mache ich falsch?

▶▶ Oft lagern die Zwiebeln, die man im Herbst kauft, zu warm und vertrocknen. Also möglichst früh kaufen und sofort setzen. Und aufpassen. Gibt es viele Narzissen, dann droht die Narzissenfliege, deren Larve auch die Zwiebeln der Schneeglöckchen von innen heraus auffrisst.

Meine **Kirschlorbeerhecke** ist im oberen Teil ganz hellgrün, fast gelb. Was ist die Ursache und was kann ich machen?

▶▶ Hier fehlt eindeutig der Dünger und eventuell auch im Sommer ausreichend Wasser (denn dann kann die Pflanze den Dünger nicht transportieren). Daher mit Dünger versorgen und sofort Kompost und Mulch aufbringen. Von Zeit zu Zeit gießen.

Die Blätter von unserem **Buchs** haben ganz kleine gelbe „Tupfen". Wir düngen und haben gegen den Zünsler behandelt, es gibt aber keine Verbesserung. Die Pflanzen stehen sogar ganz geschützt unter einem großen Vordach. Was könnte das sein?

▶▶ Hier ist eindeutig die Spinnmilbe am Werk. Sie tritt immer dann auf, wenn sehr trockene Standorte (wie das Vordach) vorhanden sind. Öfter am Morgen (wegen der Pilzgefahr) mit Wasser absprühen. Eventuell mit Schmierseifenwasser (1 EL auf 1 l Wasser) tropfnass einsprühen.

Bei unserem **Amberbaum** sind in den vergangenen Jahren viele Äste abgestorben. Er wurde vor fünf Jahren gepflanzt, kaum gegossen und war zu Beginn herrlich, jetzt eher jämmerlich.

▶▶ Offenbar ist der Boden, in den er gepflanzt wurde, ganz und gar nicht ideal. Amberbäume vertragen Trockenheit gut, aber wenn nur Bauschutt oder umgekehrt nur verdichteter Boden

Fotos © Shutterstock/Sarycheva Olesia, vandycan, Animaflora PicsStock, Joan Carles Juarez

vorhanden ist, gedeiht er nicht. Boden um den Baum großzügig und tiefgründig lockern (nicht umstechen), organisch düngen und Kompost auftragen. Einmal pro Woche kräftig gießen.

Soll ich meine Clematis im Herbst schneiden und vor allem wie viel?

►► Grundsätzlich wird im Herbst generell wenig geschnitten, weil viele Nützlinge in den alten Trieben Unterschlupf finden. Keinesfalls schneidet man frühlingsblühende Clematis, sie hat die Blütenknospen schon angesetzt. Sommerblühende werden im Frühling um die Hälfte, herbstblühende komplett zurückgeschnitten.

Der Kastanienbaum verliert wieder einmal alle Blätter – es ist aber nur ein Teil von der Miniermotte befallen. Ist er krank?

►► Nein, er ist durstig, wie sehr viele Gehölze im Herbst der vergangen Jahre. Vorerst können Sie nichts unternehmen, als das gesamte Laub (wegen der Miniermotte) zu entfernen. Mulchen Sie den Boden mit Kompost, wenn der Wurzelbereich frei ist, und streuen Sie Rasenschnitt auf, um die Erde feucht zu halten.

Wie lange kann man eigentlich Blumenzwiebeln setzen? Ich habe im Abverkauf noch viele gekauft und jetzt hat es geschneit!

►► Solange der Boden nicht gefroren ist, kann man die Zwiebeln setzen. Vor allem den Tulpen macht das überhaupt nichts aus, denn sie beginnen erst bei einer Bodentemperatur von unter sieben Grad mit der Wurzelbildung. In einem milden Herbst kann nichts passieren.

In unserem Rasen sind seit einigen Wochen zahlreiche kleine, nur vier bis fünf Zentimeter tiefe Löcher mit einem Durchmesser von drei bis vier Zentimetern. Wer ist der Täter?

►► Mit hoher Wahrscheinlichkeit ist es der Igel, der sich mit Regenwürmern, Engerlingen und anderem Getier seinen Winterspeck anfrisst.

Fotos © Shutterstock/M. Schuppich, photowind, JulieK2, Doibani

37

mehr*WISSEN*

Schneckenbesuch im Garten

Mit der Schneckenbekämpfung sollte man im Jahr so früh wie möglich beginnen – am besten bereits ab März. Entdeckte Eigelege werden zerstört – Gleiches gilt im Herbst, wenn die Schnecken ihre Eier ablegen. Bei der Ausbringung von Schneckenkorn sollte man immer Vorsicht walten lassen, denn damit rückt man nicht nur der roten Nacktschnecke zu Leibe, sondern auch den harmlosen Bänder- und Weinbergschnecken („Häuserschnecken") sowie einer anderen Art: dem Tigerschnegel, der sogar bei der Bekämpfung der Spanischen Wegschnecke helfen soll. Die Weichtiere mit dem Leopardenmuster sind nämlich (auch!) Schneckenjäger. Junge Nacktschnecken sowie deren Eier stehen beim Tigerschnegel auf dem Speiseplan, darüber hinaus ernähren sie sich auch von Aas, abgestorbenen Pflanzenteilen sowie Pilzen. Als bedeutender Nützling gegen Nacktschnecken wird der Tigerschnegel hoch verehrt. Doch die ernüchternde Erkenntnis von Schneckenforschern: Stimmt nur bedingt! Die Tiere fressen durchaus Eier und junge Schnecken, aber nur vereinzelt und damit ohne Auswirkung auf deren Population im Garten. Und so sind in einem Tigerschnegel-Garten auch die roten Nackten zu finden – in trauter Gemeinsamkeit fressend am Salat. Auch wenn der Tigerschnegel nicht so einen großen Appetit hat und nicht in solchen Massen auftritt wie die Spanische Wegschnecke, so ist er in erster Linie ein Grünfresser. Das soll jetzt natürlich nicht heißen, dass wir getrost Schneckenkorn ausstreuen sollen! Eine gezielte Schneckenbekämpfung wäre immer noch sinnvoller. „Absammeln" ist daher immer noch das beste Mittel der Wahl.

Sie haben mehrmals in den TV-Sendungen empfohlen, den Rasen auch im Herbst zu düngen. Wozu ist das jetzt noch notwendig?

▶▶ Ganz einfach: Wenn Sie im Oktober organischen Dünger ausbringen, dann wird das Bodenleben einen Teil noch pflanzenverfügbar machen und die Gräser kräftigen. Der Rest bleibt im Boden, und sobald Temperatur und Feuchtigkeit im Frühjahr passen, werden die organischen Düngersubstanzen wieder zu Stickstoff und damit zu wertvollem Nährstoff umgewandelt. Damit beginnt das Gras gleich kräftig ins neue Gartenjahr zu wachsen und verdrängt das Unkraut.

Mir wurde in einem Baumarkt geraten, das Rosenbeet mit einer dicken Schicht an grobem Kies abzudecken. Nun stehe ich vor dem Problem, dass ich die Rosen nicht anhäufeln kann, geschweige denn Kompost zu den Pflanzen geben kann. Was halten Sie davon?

▶▶ Das ist wirklich ein eigenartiger Vorschlag. Ich würde den Schotter wegräumen, Boden lockern und die Rosen mit Kompost anhäufeln. Im Frühjahr verteilen, leicht einarbeiten und mit Gartenfaser mulchen. Dann wird es den Pflanzen langfristig gut gehen.

Fotos © Shutterstock/Paul Maguire

Meine Pfingstrosen sind teilweise braun, teilweise grün. Soll ich die Blätter jetzt abschneiden?

▶▶ Braune und vertrocknete Pflanzenteile sollte man sofort entfernen, weil es sich dabei um Pilzerkrankungen handelt. Grüne Pflanzenteile aber erst im Spätherbst oder im zeitigen Frühjahr entfernen. Grüne Blätter sind der „Motor" jeder Pflanze!

Ich will einen Baumstumpf nicht ausgraben, sondern verrotten lassen. Wie geht das am schnellsten?

▶▶ Am besten bohrt man viele tiefe Löcher ins Holz und füllt mit organischem Dünger auf, generell den gesamten Baumstumpf dann mit Kompost abdecken und immer gut feucht halten. Dann setzt die Verrottung rasch(er) ein. Wird dennoch dauern.

Unser gesamtes Hochbeet ist voll von Maikäferlarven – wir sind ganz verzweifelt und wollen aufgeben. Oder gibt es Abhilfe?

▶▶ Verzweifeln ist nicht angebracht, denn die Engerlinge sind mit 100%iger Sicherheit vom Rosenkäfer. Der richtet zwar auch Schaden an, aber viel geringer. Im Herbst Boden tiefgründig bearbeiten und absammeln. Als Vorbeugung kann man mit einem neuen Stärkungsmittel („Protect – E", Naturrein-bio) gießen.

Unter Steinen und Grasbüscheln finde ich immer wieder Schneckeneier. Schlüpfen die schleimigen Tierchen jetzt noch oder erst im Frühjahr?

▶▶ Die Schnecken schlüpfen im Herbst, denn die Tiere überwintern in Erdritzen. Je kälter es

ist, desto weiter wandern sie nach unten. Daher gilt: Alle Schneckeneier, die Sie jetzt finden, sofort entfernen und vernichten. Wer Hühner hat – für die sind diese Eier eine Delikatesse.

Ich hab einen Hang und da werden jedes Jahr bei heftigen Gewitterregen große Mengen an Erde abgespült. Nachbarn haben mir geraten, alles mit Folie und Rindenmulch abzudecken. Was meinen Sie?

►► Genau das würde ich nicht machen, dann kommt eine Lawine Rindenmulch zusammen mit Wasser den Hang herunter. Ich würde Sanddorn, Schlehe und andere Gehölze pflanzen. Am Fuß des Hangs sehen auch Bodendeckerrosen gut aus. Alle diese Gehölze festigen den Boden.

Sie haben zuletzt geschrieben, dass man das restliche Herbstlaub liegen lassen kann. Ich habe aber beobachtet, dass die Narzissen fast nicht durchkommen. Soll ich es nicht doch wegräumen?

►► Es gibt Laub, wie zum Beispiel Ahorn oder Magnolie, das einen sehr dichten Teppich bildet und es den Narzissen schwer macht durchzukommen. Ich lockere mit einem Laubrechen die Blätter, verteile sie und lasse sie neben den Narzissen liegen. Laub ist ein wertvoller Humuslieferant.

Ist es im Spätherbst noch sinnvoll, Gemüse zu pflanzen? Ich hab leider kein Frühbeet!

►► Ja, sicherlich! Alle Asiasalate, aber auch der Kopfsalat und Friséesalate sind bis zu 5 Grad minus frostfest. Deckt man sie mit einer doppelten Lage Vlies ab, dann vertragen sie sogar noch mehr Kälte. Immer nur bei frostfreiem Wetter ernten.

Meine Tomaten im Topf sind heuer besonders schön (und köstlich!). Muss ich sie nun „oben" abschneiden, wie das in manchen Büchern beschrieben wird, oder nicht?

►► Diesen Tipp des Abschneidens habe ich früher auch gegeben, nun weiß ich es besser: Es werden ab September nur die neuen Blüten entfernt. Schneidet man die Triebe ab, kommt es zu einem Saftstau, der sehr oft die Früchte platzen lässt. Übrigens: Niemals die gesunden Blätter entfernen, sie sind der Motor für das Ausreifen der Früchte.

Fotos © Shutterstock/Anna Kucherova, Scisetti Alfio, ampol santhong

Kartoffeln bilden bei den Blüten Früchte mit kleinen Samen darin. Kann man daraus eigentlich auch Pflanzen ziehen, die Knollen bilden?

▶ ▶ Ja, daraus kann man Kartoffeln ziehen. Samen trocken und kühl bis zum Frühjahr aufbewahren, dann in Saatschalen vorziehen und nach den Eisheiligen setzen. Es wird allerdings eine neue Sorte entstehen, nur die Knollenaussaat garantiert die Sortenechtheit.

Sie haben einmal empfohlen, als **Holunder** die Sorte „Haschberg" zu setzen. Sie hat wirklich genial viele Früchte, aber wie schneide ich den „Burschen"?

▶ ▶ Ganz einfach: Die langen (neuen) Triebe des Vorjahres sind die Blüten- und Fruchttriebe von heuer. Daher ganz alte Äste herausschneiden und die Vorjahrestriebe nur ein wenig einkürzen. Macht man das jedes Jahr, bleibt der Strauch kompakt und man kann leicht ernten. Übrigens: Der richtige Zeitpunkt für den Schnitt liegt im Oktober nach der Ernte der Holunderbeeren. Auch zwischen Ende Jänner und Anfang März können Sie ihn noch gut schneiden.

Unser **Holunder** ist im vergangenen Jahr beim Hagel extrem verletzt worden, die Rinde ist an vielen Stellen aufgeplatzt. Wir haben ihn schon stark geschnitten, aber er hat noch immer viele Wunden. Sollen wir ihn ersetzen?

Fotos © Christoph Böhler, Shutterstock/M. Baturitskii

►► Nein, der Holunder wächst sich sicherlich wieder gesund. Ganz schwer geschädigte Äste komplett entfernen. Leichter verletzte aber belassen, damit die Pflanze genug neue Triebe bilden kann. In den folgenden Jahren nach und nach die verletzten Äste entfernen.

Ich habe Herbsthimbeeren und Sommerhimbeeren nebeneinander gepflanzt. Nun weiß ich nicht mehr, wie ich sie schneiden soll.

►► Grundsätzlich: Bei Sommerhimbeeren werden immer nur die abgetragenen (alten) Triebe entfernt, bei den Herbsthimbeeren alle. Aber: Die Herbsthimbeeren tragen auch ein zweites Mal, daher würde ich in diesem Fall nur die alten vertrockneten Fruchttriebe entfernen und zweimal ernten.

Ich habe vor zwei Jahren einige Büsche Heidelbeeren gepflanzt. Im ersten Jahr war der Ertrag ganz gering, im zweiten Jahr allerdings null. Ein Strauch ist verendet. Was machte ich falsch?

►► Mit Sicherheit haben die Erde und generell der Standort nicht gepasst. Heidelbeeren benötigen einen kalkfreien Boden, volle Sonne, ausreichend Feuchtigkeit und Dünger. Organische Rhododendrondünger sind ideal, weil sie etwas Schwefel zur Neutralisierung vom Kalk enthalten.

Nur einer meiner Heidelbeersträucher hat gelbes Laub, dünge alle mit organischem Moorbeetdünger und mulche mit Rinde! Was hat er?

►► Trotz der an sich richtigen Pflege dürfte gerade diese Pflanze zu viel an kalkhaltiger Erde abbekommen haben. Dann färbt sich das Laub gelb. Solche Gehölze werden kaum wieder vital, besser austauschen.

Wir haben im Frühjahr einen Birnbaum gepflanzt, er hat gleich geblüht und ist schön gewachsen. Im Herbst hat er wieder voll zu blühen begonnen. Warum?

►► Der „narrische Kastanienbaum" wurde schon in Wienerliedern beschrieben. Genau so geht's Ihrem Birnbaum. Die Trockenheit und Hitze im Sommer haben den Baum verwirrt und jetzt beginnt er zu blühen. Machen kann man nichts – nur hoffen, dass es nicht zu bald friert.

Fotos © Shutterstock/axeiz, Tanya Sid, kikee68

Kann man die Früchte von Zieräpfelbäumen essen? Unser Baum ist dieses Jahr übervoll mit Früchten!

▶▶ Ja, die kann man verwenden. Sie sind – je nach Sorte – meist sehr sauer. Aber Kompott oder Mus lässt sich daraus perfekt machen. Oder man überlässt die Früchte den Vögeln für den Winter.

Ich habe einen großen Apfelbaum, auf dem viele Früchte hängen. Leider sind alle wurmig, obwohl ich im April einen Leimgürtel angebracht habe. Was habe ich falsch gemacht? Kann ich mit dem Raupenleimgürtel auch Ameisen fernhalten, die sich an den Triebspitzen mit den Blattläusen vergnügen?

▶▶ Leimringe legt man beim Apfelbaum gegen den Frostspanner Ende September an. Die ungeflügelten Weibchen können nicht fliegen, klettern zu dieser Zeit über die Stämme in die Baumkronen und bleiben an diesen Leimringen kleben. Im Dezember/Jänner sollte man die Leimringe entfernen und verbrennen, denn mancher Frostspanner legt noch Eier ab. Die Raupen klettern dann über den frostharten Leim. Doch ein „Wurm" kann durch den Apfelwickler in die Früchte kommen. Im Mai hängt man sogenannte Pheromonfallen auf, die locken die Männchen an, die dann auf den Leimtafeln kleben bleiben. Damit können sie keine Weibchen mehr befruchten. Gegen

Blattläuse hängen Sie am besten Ohrwurmhäuschen auf (Tontöpfe mit Holzwolle). Ohrwürmer sind große Blattlausvertilger.

Wie sinnvoll ist es, meine Obstbäume mit einem Kalkanstrich zu versehen?

▶▶ Was sich auf den ersten Blick nach viel Arbeit anhört, spart längerfristig Zeit und Verdruss: ein Kalkanstrich der Obstbäume, und zwar nicht nur der Stämme (das geschieht, um sie vor Winterfrostrissen zu schützen), sondern auch sämtlicher Hauptäste. So behandelte Bäume haben im nächsten Jahr viel weniger Probleme mit Schädlingen. Der Weißanstrich vernichtet die lästigen Überwinterungsgäste auf der Rinde.

Fotos © Christoph Böhler, Shutterstock/mario95

Gartenfragen im Winter

Ich habe eine Zaubernuss, da sind die halben Äste kahl – keine Blüten, keine Blätter. Darf ich diese Äste wegschneiden?

▶▶ Ja, die sollte man wegschneiden, denn offenbar haben die Wildtriebe durchgetrieben. Bei allen Pflanzen immer darauf achten, dass nur die veredelten Teile wachsen.

Sie haben einmal im Fernsehen von einem duftenden Strauch gesprochen, der im Herbst blüht. Sieben Finger oder so …

▶▶ Es waren nicht die „Finger", es waren die „Söhne". Der herrlich blühende und stark duftende Strauch (den ich jedem ans Herz legen kann) heißt: „Sieben Söhne des Himmels"-Strauch *(Heptacodium jasminoides)*.

Gibt es ein winterhartes Gehölz, das im Topf neben unserer Sitzbank aufgestellt werden kann? Sollte vielleicht nicht alltäglich sein.

▶▶ Ich würde die silberblättrige Birne *(Pyrus salicifolia)* wählen. Sie ähnelt vom Aussehen einer Olive, blüht herrlich im Frühjahr und ist auch im Topf gut winterfest. Jungen Baum evtl. ein wenig mit Vlies schützen.

Unsere Harlekinweide wird von Wespen und Hornissen regelrecht „entrindet"! Ich glaube, die überlebt das nicht. Was können wir tun?

▶▶ Diese Insekten bauen mit dem Holz ihre riesigen Bauten. Am besten schützen Sie den Stamm, indem Sie ihn mit Jute umwickeln. Auch ein Baumanstrich, der jetzt generell vor dem Winter durchgeführt werden sollte, ist eine gute Abwehr.

Ich habe vergangenes Jahr einen Japanischen Ahorn irrtümlich ganz auf rund geschnitten, jetzt macht er lange Triebe und sieht völlig unförmig aus. Was tun und wann schneiden?

► ► Im späten Winter ist der richtige Zeitpunkt zum Schneiden. Einzelne Äste herausschneiden, die langen Triebe nicht alle einkürzen, damit wieder die natürliche Wuchsform entsteht. Generell ist der „Rundschnitt" für Sträucher ungeeignet, weil sie vergreisen.

Ab wann soll man die Rosen mit Reisig abdecken. Es sind ja schon jetzt einige Nächte frostig gewesen.

► ► Das Reisig ist erst im Spätwinter so richtig wichtig. Dann nämlich schützt es nicht vor Frost, sondern vor der stärker werdenden Sonne und damit einem zu frühen „Aufwecken" der Triebe. Ich nehme übrigens dafür immer im Jänner die abgeschnittenen Äste vom Christbaum.

Auf meinem Dachboden überwintern alljährlich Florfliegen. Allerdings fällt mir auf, dass diese dann immer absterben. Kann ich etwas machen, damit die Tiere nicht verenden?

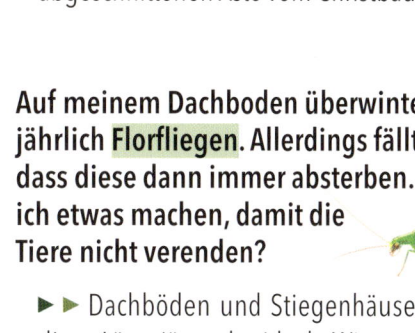

► ► Dachböden und Stiegenhäuser sind für diese Läusejäger das ideale Winterquartier. Es sollte nur nicht zu warm sein. Kühle Dachböden sind ideal. Ist es zu warm, dann verdursten die Tierchen. Ein Tipp: Hängen Sie Florfliegenhäuser im Garten auf (das sind die mit dem roten Holzdeckel und der Holzwolle dahinter). Hier überleben die Tiere am besten.

Heuer ist nach dem vielen Schnee der Schneeschimmel am Rasen besonders ausgeprägt. Was kann ich tun?

►► Zunächst abwarten, bis der Rasen wächst, dann vertikutieren oder wenigstens ausrechen und sofort organisch düngen und Bodenaktivator streuen. Düngen im Sommer und Herbst wiederholen. Nie zu viel Stickstoff, immer ausgewogen düngen.

Ist der Kompost, der sich mit der Zeit unter Scheinzypressen ansammelt, in anderen Teilen des Gartens verwendbar?

►► Grundsätzlich ja, vor allem bei Pflanzen, die einen sauren Boden lieben, wie Heidelbeeren, Rhododendren, Azaleen oder Hortensien. Aber auch im Gemüsegarten kann man den Boden

damit aufbessern, dann sollte man aber auch gleichzeitig Algenkalk streuen.

Wie lange dauert es, bis man auf einem ehemaligen Acker Gemüse anbauen kann?

►► Grundsätzlich kann gleich angebaut werden, es ist aber dem Gesetz nach noch nicht bio. Ich würde mit Kartoffeln beginnen und danach ein Jahr Gründüngung säen. Ab dem dritten Jahr würde ich dann Gemüse setzen.

In unserem Gemüsebeet wächst so viel Moos. Obwohl wir es jedes Jahr im Herbst beseitigen, kommt es im Jahr darauf wieder. Meist noch üppiger. Was kann man da tun?

►► Die Erde ist vermutlich extrem „sauer", staunass und liegt im Schatten. Ich würde jetzt

Fotos © Shutterstock/Wichai Prasomsri1, Simon Annable

tiefgründig umstechen, im Frühjahr Kompost, Bodenaktivator und auch organischen Dünger einarbeiten. Evtl. im Winter sogar Algenkalk streuen. Nach dem Säen im Frühjahr gut mulchen.

Am Stamm meines zwölf Meter hohen Kirschbaums wächst Efeu. Nachbarn meinen, er sei ein Schmarotzer und bringt den Baum um. Soll ich ihn entfernen?

►► Es ist ein alter Mythos, dass Efeu einen Baum umbringt. Allerdings darf er nicht morsch sein (sonst würde der Efeu da hineinwurzeln). Efeu schützt sogar den Stamm und ist ein ideales Quartier für viele Nützlinge (Vogelnester) und liefert für Bienen aufgrund der späten Blüte Futter.

Wegen eines Umbaus muss ein 20 Jahre alter Kirschbaum verpflanzt werden. Der Baggerfahrer meint, dass sei kein Problem. Wie sehen Sie das? Lohnt es sich? Kostet nämlich einiges!

►► Ich würde es nicht machen. Die Wahrscheinlichkeit, dass er überlebt, ist gering. Jedenfalls ist es billiger, einen neuen, größeren Baumschul-Baum zu kaufen, der immer verschult wurde. Ihr Baum hat in der nahen Umgebung des Stammes nämlich kaum feine Faserwurzeln.

Ich habe mir dieses Jahr eine Banane gekauft und im Garten ausgepflanzt. Sie

soll angeblich bis minus 15 Grad frostfest sein. Wie packe ich sie ein?

►► Die beste Methode, um Bananenstauden zu schützen, ist, rund um die Pflanzen einen gut eineinhalb Meter hohen Maschenzaun zu stellen und mit viel Laub aufzufüllen. Dann über das Ganze eine Folie als Nässeschutz geben und mit Holzbrettern vor dem Davonwehen schützen. Im Frühjahr nicht zu zeitig auswintern, damit die Pflanze nicht durch Spätfröste vernichtet wird.

Mein Quittenbaum hatte heuer viele Früchte. Jetzt wollte ich sie zu Gelee verarbeiten, habe aber festgestellt, dass das Fruchtfleisch braun verfärbt ist. Was ist die Ursache und kann ich sie noch verwenden?

►► Fleischverbräunungen können auftreten, wenn die Quitten nach der Ernte länger gelagert wurden. Länger als vier Wochen sollten Sie die Früchte nicht aufbewahren. Bei leichter Verfärbung können Sie die Früchte noch verarbeiten. Sie verlieren jedoch an Aroma und Gelierfähigkeit.

Gartenfragen auf Balkon und Terrasse

Können Sie mir den Unterschied zwischen einer weiblichen und einer männlichen Skimmia erklären?

▶▶ Die männlichen sind diejenigen, die nur Blüten bekommen (und im Herbst mit den roten Knospen verkauft werden). Die weiblichen tragen rote Früchte und werden oft als „Frucht-Skimmia" für herbstliche Beetpflanzungen sowie als Balkonschmuck verkauft.

Ich plane gerade meine Balkonkästen. Kann man die „Schwarzäugige Susanne" auch zu Pelargonien und Surfinien setzen?

▶▶ Ja, das sieht sogar sehr gut aus, allerdings sollte man bedenken, dass diese Kletterpflanze sehr wuchsfreudig ist und „hoch hinaus" will. Daher Bambusstäbe platzieren, um ihr das Ranken zu ermöglichen. Besonders lange Triebe kann man auch ab und zu abschneiden.

Wir haben viele Rosen im Topf, die nun zu groß geworden sind. Kann ich sie schneiden, umtopfen oder soll ich sie auspflanzen?

▶▶ Wenn es sich um Edelrosen handelt, kann man sie stark zurückschneiden, aber Rosen sind generell im Topf nicht sehr wuchsfreudig, weil sie eigentlich Pfahlwurzeln bilden wollen. Auspflanzen ist jederzeit möglich. Den Wurzelballen sollte man ein wenig aufreißen, damit die Rose rasch einwurzelt. Keine Torferde verwenden – Lehm mit Kompost und Sand ist ideal.

Meine Dipladenie hat wieder einmal alle Blätter verloren und die Triebe sind ganz trocken. Ist sie ein Wegwerfkandidat?

▶▶ Hm, das ist schwierig zu sagen. Grundsätzlich haben diese Pflanzen dicke Wurzeln (wie Dahlien), die bei kühlen Temperaturen gut den Winter überstehen. Es darf aber kaum gegossen werden. Stand sie zu warm und wurde sie nicht gegossen, könnte sie vertrocknet sein. Am besten bis Mitte April abwarten, dann müsste sie neu austreiben.

Fotos © Shutterstock/Victoria Kurylo, haraldmuc, HVPMdev

Fotos © Christoph Böhler, Shutterstock/Larisa Garmash

Mein 26 Jahre alter Citrus, den die Tante aus einem Kern gezogen hat, hat ganz hellgrüne (eher hellgelbe) Blätter. Was fehlt ihm?

▶▶ Ganz klar: Dünger. In diesem Fall würde ich sogar einen Blatt-Volldünger (z. B. Wuxal) anwenden. Er wird gegossen und gesprüht. Ganz organisch geht's mit jedem Volldünger – der sollte aber zwei- bis dreimal pro Woche verabreicht werden.

Sie schreiben immer, dass man den Oleander im Haus überwintern muss. Bei uns steht er seit drei Jahren geschützt beim Haus und gedeiht prächtig. Ist das eine andere Sorte?

▶▶ Nein, hier herrscht offenbar ein ideales Kleinklima, das starke Fröste verhindert. Oleander sind extrem robust, friert allerdings einmal der Erdballen komplett durch, dann ist die Pflanze kaum zu retten. Im Winter wenig gießen, im Sommer liebt er sogar ein „Fußbad"!

Unser Oleander steht auf dem überdachten Balkon. Vergangenes Jahr neu gekauft, hatte er Blüten über Blüten, dieses Jahr keine einzige Blüte und silbrige Blätter. Wegwerfen?

▶▶ Nein! Düngen, im Sommer intensiv gießen und täglich mit Wasser übersprühen. Die Pflanze ist von Spinnmilben befallen. Biospritzmittel anwenden oder wenn geht ins Freie stellen, damit er immer wieder einmal abgeregnet wird. Spinnmilben gehen dann sofort zugrunde.

49

Soll ich meine Kübelpflanzen im Herbst zurückschneiden? Ich muss sie alle im Keller überwintern und vor allem die Oleander sind enorm gewachsen!

► ► Generell gilt, dass der Rückschnitt im Frühjahr besser ist, weil die offenen Schnittwunden in einem nicht optimalen Überwinterungsraum eine Eintrittsstelle für Pilzerkrankungen sind. Freilich: Sind die Pflanzen zu groß, wird man wohl oder übel den einen oder anderen Ast abschneiden.

Alle Jahre wieder passiert es – mein Oleander wirft Unmengen an gelben Blättern ab. Was mache ich falsch? Was kann ich ihm Gutes tun?

► ► Die mediterrane Auwaldpflanze benötigt im Sommer extrem viel Wasser und Nährstoffe. Wer zu wenig düngt oder zu wenig gießt (auch bei Regen, weil die Blätter die Tropfen abhalten),

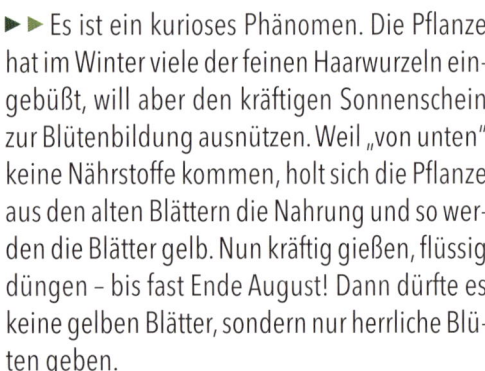

muss mit den gelben Blättern rechnen. Die Pflanze holt sich für das Wachstum die Nährstoffe aus den ältesten Blättern, um neue Blüten und Laub zu bilden.

Wieso hat mein Oleander dieses Jahr schon im Juni gelbe Blätter bekommen, bisher war das immer erst im August der Fall. Was soll ich tun?

► ► Es ist ein kurioses Phänomen. Die Pflanze hat im Winter viele der feinen Haarwurzeln eingebüßt, will aber den kräftigen Sonnenschein zur Blütenbildung ausnützen. Weil „von unten" keine Nährstoffe kommen, holt sich die Pflanze aus den alten Blättern die Nahrung und so werden die Blätter gelb. Nun kräftig gießen, flüssig düngen – bis fast Ende August! Dann dürfte es keine gelben Blätter, sondern nur herrliche Blüten geben.

Mein Oleander bekommt seit dem Übersiedeln in eine neue Wohnung immer Spinnmilben. Die Loggia ist in vollsonniger Lage. Die Pflanze wird beim Gärtner überwintert, sieht im Frühjahr gesund aus und blüht, aber dann beginnt im Juli der Befall mit den Milben. Am früheren Balkon war das nicht so. Was kann ich da machen?

► ► Ganz einfach: Ihr Oleander steht im Sommer auf der überdachten Loggia zu trocken. Am früheren Balkon wurde er ab und zu vom Regen „gewaschen" und damit verschwanden die

Spinnmilben. Übersprühen Sie die Pflanze mehrmals wöchentlich, und vor allem: im Untersetzer Wasser stehen lassen.

Ich habe vergangenes Jahr meinen Oleander auf der Terrasse überwintert und nur mit mehreren Lagen Vlies geschützt. Dieses Jahr wurde er gleich ausgepflanzt im Garten, er war wunderbar. Soll ich ihn hier auch noch einpacken?

►► Ja, unbedingt, aber niemals mit einer Plastikfolie. Immer Vlies verwenden und leider auch einkalkulieren, dass das Experiment des Überwinterns generell scheitern kann.

Meine Engelstrompete lässt jeden Abend die Blätter hängen. Ich komme mit dem

Gießen nicht nach. Könnte ich sie nicht doch auspflanzen?

►► Ja, das geht sogar sehr gut. Am besten man setzt sie in große Plastikgitterkörbe, die man dann im Herbst rundum absticht und herausziehen kann. Denn Überwintern geht im Freien leider nicht. Trotzdem zu Beginn gut gießen (alle paar Tage intensiv!).

Fotos © Shutterstock/ditya_Jotsa, Botond Horvath

Meine **Strelitzie** (Paradiesvogelblume) sieht „müde" aus. Die neuen Blätter sind schön, doch nach kurzer Zeit drehen sie sich zusammen und werden teilweise welk. Was fehlt der Pflanze?

▶▶ Entweder die Pflanze braucht mehr Sonne oder sie wird zu nass gehalten. Weniger gießen – vor allem in den nächsten Monaten, wenn man sie an einem kühlen, hellen Platz im Haus überwintert.

Warum sieht man im Herbst **Petunien**, die noch in voller Blüte stehen – als ob es Hochsommer ist – und anderswo verkümmern sie mit braunen, vertrockneten Blättern. Pflegefehler?

▶▶ Ja, genau – hier wurde einfach zu wenig gedüngt. Mehltau, der letztlich zum Absterben der Blätter führt, entsteht (auch) durch einen Nährstoffmangel. Also immer ab Sommermitte flüssig düngen, dann geht die Blüte bis zum Frost weiter.

Jedes Jahr ist es bei uns dasselbe: Kaum stehen die Kübelpflanzen im Keller, schwirren hunderte kleine **schwarze Mücken** im

Raum herum. Sind das „Weiße Fliegen", die im Winter mangels Lichts „schwarz" sind?

▶▶ Nein! Das sind die sogenannten Trauermücken. Sie tauchen immer dann auf, wenn die Erde im Topf zu nass ist. Also viel weniger gießen und schon vor dem Einräumen versuchen, dass die Töpfe trockener sind.

Kann ich meinen **Eukalyptus** (genauer meinen *E. gunnii*), den ich im Topf kultiviere, im Freien überwintern? Man liest im Internet sehr Unterschiedliches!

▶▶ Generell gilt: Im Topf gezogene Kübelpflanzen sind im Freien viel empfindlicher als ausgepflanzt. In milden Gegenden wird dieser Eukalyptus (wenn man ihn im Frühjahr setzt) gut überleben, im Topf würde ich es nicht wagen. Draußen lassen, solange es geht, aber bei starkem Frost in einen frostfreien Raum stellen.

Ich habe meine **Calla** im Herbst zum Überwintern ins Haus gestellt, die braunen

Fotos © Shutterstock/Whistle Swan, Nitr, Tomasz Klejdysz, KreaFoto, Business stock

Blätter entfernt und nun beginnt sie plötzlich ganz kräftig zu wachsen, aber es kommen keine Blüten. Was soll ich tun?

▶▶ Geduld. Die Pflanze wacht durch die Wärme im Zimmer im März auf und benötigt nun viel Sonnenlicht, dann wird sie bald wieder Blüten bilden.

Meine Pelargonien sind im Keller ganz lang geworden. Wenn ich sie zurückschneide, dann sind nur noch Triebe ohne Blätter da. Soll ich schneiden und wann?

▶▶ Ja, die Pelargonien (landläufig Geranien genannt) muss man unbedingt zurückschneiden. Die langen Triebe werden sonst beim ersten Windstoß abgerissen und sind außerdem anfällig für Krankheiten und Schädlinge.

An meinen Pelargonien hab ich heuer so viele Löcher in den Blättern gehabt – es war

aber nicht der Hagel, sondern irgendein Tier, das ich aber nicht finden kann.

▶▶ Bei dem Tier handelt es sich um die Raupen von sog. Eulen. Sie sind nachtaktiv und verstecken sich tagsüber in der Erde. Suchen Sie die Pflanzen am späten Abend mit der Taschenlampe ab und beseitigen Sie die Raupen oder suchen Sie sie tagsüber in der Erde. Wenn man die Erdoberfläche ein wenig auflockert, dann findet man die grün-gelb geringelten oder grau-braun gefärbten Raupen.

Was meinen Sie, lohnt sich das Überwintern von Duftpelargonien?

▶▶ Gerade die Duftpelargonien lassen sich leicht auf der Fensterbank im Zimmer bei ganz normaler Raumtemperatur überwintern. Man kann sie auch ein wenig zurückschneiden. Die Triebe übrigens sind getrocknet ideal für ein Duft-Potpourri.

Diesen Winter haben wir unsere Phoenix-Palme gerade noch in den Wintergarten gebracht. Können wir sie diesen Sommer

zurückschneiden, damit sie wieder verjüngt wird und ins Winterquartier passt?

▶▶ Leider nein! Palmen haben nur einen Vegetationspunkt und der liegt ganz oben, wo sich die neuen Blätter bilden. Würde man den abschneiden, stirbt die Palme.

Soll man bei den Fuchsien wirklich alle Blätter entfernen und die Pflanzen jetzt schon stark zurückschneiden? Mir blutet das Herz, so schön blühen sie im Herbst!

▶▶ Ja, es ist leider so: Fuchsien müssen vor dem ersten Frost stark geschnitten und ins Haus geholt werden. Die Blätter entfernt man, weil man damit die Überwinterung von Schädlingen verhindert. Bester Überwinterungsplatz: kühl, aber durchaus ohne Licht. Wenig gießen.

Meine Zimmervermieterin, bei der ich jedes Jahr „Urlaub am Bauernhof" mache, erzählte mir, dass ihre Balkonblumen deswegen so üppig wachsen und blühen, weil sie diese mit Hühnermist düngt. Ich habe aber gehört, dass Vogelmist zu scharf ist. Kann ich auch Taubenmist bzw. Mist von meinen Wellensittichen verwenden?

▶▶ Im Freien kann man Zierpflanzen damit sicherlich (zur Not) versorgen, ich würde es aber aus hygienischen Gründen nicht machen. Besser ist es, alle tierischen Abfälle zu kompostieren und den Kompost auf die Beete und in die Blumenkisterln zu geben. Hornspäne und Biodünger sind die weitaus besseren Alternativen – ohne Gefahr des Verbrennens.

Fotos © Christoph Böhler, Shutterstock/Scisetti Alfio

Gartenfragen bei Zimmerpflanzen

Kann ich eine Amaryllis-Zwiebel, die in Wachs eingehüllt war und wunderbar geblüht hat, einpflanzen und damit retten?

► ► Man bekommt als Pflanzenliebhaber Mitleid und ich habe von einigen Gartenfreundinnen von erfolgreichen Rettungen gehört. Wachs vorsichtig abkratzen, alle fauligen und trockenen Teile entfernen und sofort in Blumenerde setzen. Nun müssen sich viele Blätter bilden, die bis in den September mit Dünger und Wasser versorgt werden, ab Mai im Freien. Wahrscheinlich wird sie nächstes Jahr nicht blühen.

Wie lange soll ich meine Amaryllis noch gießen? Sie hat noch immer herrliche dunkelgrüne Blätter und die Zwiebel ist schon ganz dick.

► ► Amaryllis – wenn sie zwischen Oktober und Jänner gepflanzt wird – gießt (und düngt) man etwa bis August/September. Dann beginnt die Ruhezeit und die Blätter ziehen ein. Ab Dezember/Jänner wieder ins warme Zimmer stellen. Ich topfe nur alle drei Jahre um.

Ich habe vor zwei Jahren einen Weihnachtsstern bekommen, der immer größer

wird und nun schon zwei Jahre immer wieder geblüht hat. Wann setze ich ihn um und in welche Erde?

► ► Das ist ein Beweis, dass Sie wirklich einen grünen Daumen haben. Gratuliere zu dem Prachtexemplar. Ich würde ihn im Mai umpflanzen und eventuell etwas zurückschneiden. Dann ausreichend düngen und gießen und evtl. ins Freie stellen. Ab September ins Haus und dann ab Oktober hell – aber ohne jegliches Kunstlicht in der Nacht – aufstellen.

Mein Weihnachtskaktus hat schöne Knospen angesetzt, die aber dann begonnen haben, abzufallen. Wieso passiert das ohne Kulturveränderung und kann ich die verbleibenden Knospen noch retten?

► ► Da haben Sie zu viel des Guten gegossen. Weihnachtskakteen benötigen gleich nach der Blüte eine kurze Ruhephase von zwei bis drei

Fotos © Shutterstock/Igal Shkolnik, Scisetti Alfio, Sergey and Marina Pyataev

Wochen. Dann wird gegossen und gedüngt. Man kann sie nach den Eisheiligen auch ins Freie in den Halbschatten stellen. Ab Ende September beginnt die richtige Ruhezeit – kein Tropfen Wasser und kühle Plätze. Tauchen die ersten Knospen auf, etwas gießen, nach einigen Tagen gleichmäßig feucht halten. Die verschrumpelten Blattglieder werden sich dann rasch erholen.

Unser Christusdorn ist schon so groß geworden. Kann ich den zurückschneiden und wann?

▶▶ Ja, den Christusdorn kann man ohne Probleme zurückschneiden. Er wird in seiner Heimat sogar als Heckenpflanze verwendet. Im Zimmer empfehle ich einen Platz für den Rückschnitt, wo man den Fußboden aufwischen kann, denn der milchige Saft tropft nach dem Schneiden oft einige Zeit aus der Pflanze. Notfalls mit einem Feuerzeug kurz die Wunde abbrennen. Bester Zeitpunkt: wenn es notwendig ist. Hält alles aus!

▶▶ Immer Moorbeeterde verwenden, keine zu großen und eher flachere Töpfe wählen und mit dem Topf an halbschattigen Stellen bis kurz vor dem ersten Frost im Freien lassen.

Ich habe auf einer meiner Zimmerpflanzen Wollläuse! Was kann ich tun, damit meine Pflanze gut wächst?

▶▶ Leider extrem lästig. Nehmen Sie hochprozentigen Alkohol und sprühen Sie die Läuse an. Später dann mit lauwarmem Wasser abwaschen und danach mit einem Rapsölpräparat einsprühen. Leider langwierig!

Ab wann kann ich meine Zimmerazaleen umtopfen (mit welcher Erde), rausstellen und auf welchen Platz?

Mein Kollege, der gern Bier trinkt, hat mir erzählt, dass er seine Zimmerpflanzen mit Bier düngt und damit einen guten Erfolg

Fotos © Shutterstock/paitoon Meetee, Dmytro Dzhyma

erzielt. **Kann Bier tatsächlich zum Düngen von Pflanzen verwendet werden?**

► ► Grundsätzlich ja, jedoch sollte man die oft nicht unerhebliche Geruchsbelästigung, die damit einhergeht, beachten. Allerdings wird man eines bemerken: Pflanzen, die mit Bier (am besten 1 : 1 mit Wasser verdünnt) gedüngt werden, bekommen eine kräftige Blattfarbe und bilden auch viele Blüten aus. Noch etwas: Verdünntes Bier eignet sich hervorragend als Blattglanzmittel. Mit einem Schwamm die dicklaubigen, glatten Blätter der Zimmerpflanzen abwischen.

Meine Orchidee hat den richtigen Standplatz und Knospen sowie Blüten. Die Knospen blühen jedoch nicht auf, sondern sind gelb verfärbt. Was mache ich falsch?

► ► Ich vermute ein Gießproblem – entweder zu wenig oder zu viel. Auch ein Überdüngen

könnte die Ursache sein. Orchideen lieber wenig bis gar nicht düngen und etwa einmal pro Woche tauchen.

Meine neu gekaufte Kamelie hat mir nur wenige Tage Freude gemacht. Alle restlichen Blütenknospen trocknen ein und fallen ab. Einige Blätter haben ganz schwarze Flecken. Was mache ich falsch?

► ► Offenbar steht die Pflanze am völlig unpassenden Platz, nämlich in der Wohnung. Kamelien fühlen sich an einer geschützten Stelle im Freien am wohlsten. Daher sind die Knospen eingetrocknet und vermutlich haben Sie dann auch noch zu viel gegossen. Das führte zu den schwarzen Flecken auf den Blättern – Staunässe mag sie auch nicht. Gleichmäßig mit kalkfreiem Wasser gießen – das mag sie.

RICHTIG ODER FALSCH?
Gartenirrtümer und wie es wirklich stimmt

Bei meinen Vorträgen, TV-Berichten und Reisen komme ich mit vielen Menschen zusammen und erlebe oft Überraschungen: Längst widerlegte Behauptungen tauchen immer wieder auf und halten sich hartnäckig. Vom „Aussäen" bis zum „Zurückschneiden" reicht die Palette der Gartenirrtümer, von denen ich einige hier dem Fakten-Check unterziehe. „Fake News" sind ja das neue Schlagwort. Doch Irrtümer gab es schon immer – auch im Gartenbereich. Viele dieser Mythen lassen sich aber leicht aufklären – oft ist sogar gerade das Gegenteil richtig.

Gartenirrtümer im Frühling ...

Bereits mit sechs Jahren habe ich die Liebe zum Garteln entdeckt und dabei viele Erfahrungen gesammelt. Interessant ist, dass sich viele Mythen – oder Fake News, wie man heute sagt – beständig halten. Gerade im Frühjahr tauchen einige Irrtümer immer wieder auf. Hier der Fakten-Check!

> Altes Saatgut bringt schlechte Pflanzen <

Das ist ganz und gar nicht zutreffend. Selbst „abgelaufenes" Saatgut ist noch immer verwendbar, allerdings lässt die Keimfähigkeit mit der Zeit nach und nicht alle Samen werden auflaufen. Wenn sie jedoch keimen, dann werden die Pflanzen genauso wachsen wie bei einer frischen Saat. Dennoch können Sie einiges tun, wenn Sie Samen länger aufbewahren wollen: Lagern Sie das Saatgut in gut verschlossenen dunklen Dosen möglichst an einem kühlen, aber trockenen Platz. Dann hält die Keimfähigkeit lange an.

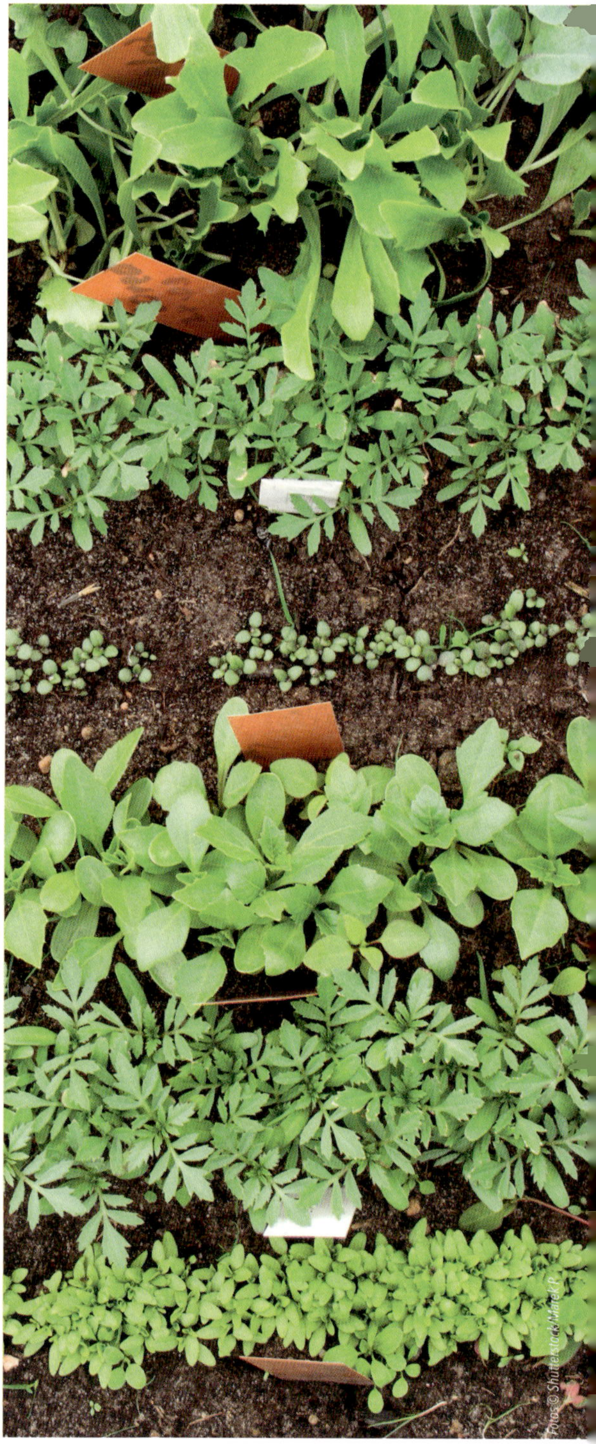

Wie lange Saatgut keimfähig bleibt, hängt von der jeweiligen Pflanzenart ab

Fotos: © Shutterstock/Marek P.

> Gewächshäuser sind Energiefresser <

👍 Da lässt sich nur sagen: Es kommt darauf an, wie das Glashaus bewirtschaftet wird.

👎 Wer nur Gemüse zieht und jetzt im Frühjahr mit Salat und Radieschen beginnt, muss überhaupt nicht heizen (nur gut lüften, wenn es sonnig ist). Auch Tomaten und Gurken lassen sich ohne Heizung ziehen. Und wer robuste Kübelpflanzen überwintert, kommt mit einem Frostwächter aus. Einzig die Orchideen-Häuser benötigen viel Wärme, weil hier die Temperatur auch im Winter bei 20 bis 25 °C liegen muss.

Eine Vorkultur kann für viele Kräuter- und Gemüsepflanzen bei wenig Licht kontraproduktiv sein

> Früh gesät bringt eine bessere Ernte <

👎 Das stimmt für viele unserer Gemüsepflanzen leider gar nicht. Tomaten, die im Haus unter nicht idealen Bedingungen vorgezogen werden, bilden oft nur viel zu lange Triebe. Das gleiche Problem gibt es mit Gurken. Was die Aussaat im Freien betrifft, sind Bohnen und Petersilie allerdings typische Pflanzen, die im kühlen Erdreich gar nicht gut keimen. Sie sollten vorgezogen oder erst später direkt im Freien ausgesät werden. Daher gilt vielfach der alte Spruch: „Die Ersten werden die Letzten sein!"

Abhängig von den Pflanzen, die im Gewächshaus sind, muss vielleicht gar nicht geheizt werden

Fotos © Shutterstock/Jon Naustdalslid, Robert Przybysz, Madlen

> Mit Kompost verteilt man Schnecken im Garten <

Das ist nur zum Teil richtig. Schnecken nutzen zwar den Kompost als Kinderstube, allerdings muss dieser nicht zwangsläufig zur „Schneckenschleuder" werden. Am besten im Herbst am Kompost so genau wie möglich die Erde nach Schneckeneiern absuchen und diese vernichten. Oder den Kompost im Herbst umsetzen und frischen Rasenschnitt untermischen. Durch das frische Material erhöht sich die Aktivität der Mikroorganismen und die Temperatur im Substrat steigt an, was wiederum die Eier abtötet. Bei starkem Befall lohnt es sich, punktuell ein Bio-Schneckenkorn auf Eisen-III-Phosphat-Basis zu streuen.

LED-Pflanzenleuchten haben eine Farbmischung, die das Sonnenlicht nachahmt und für ein kräftiges Wachstum sorgt

Schnecken legen zwar gerne ihre Eier im Kompost ab, deswegen wird die Erde aber nicht zur „Brutstätte"

> Kunstlicht bringt nichts <

Immer öfter findet man sogenannte LED-Pflanzenleuchten. Diese energiesparenden Lampen spenden für unsere Augen oft ein sehr unangenehm wirkendes Licht. Doch genau diese Farbmischung ist es, die jene Teile des Sonnenlichts nachahmt, die die Pflanzen zum Wachsen benötigen. Sie reagieren auf die jeweiligen Farben und setzen bei blauem Licht zum kräftigen Wachstum an, bei rotem reagieren sie eher mit Blütenbildung.

Fotos © Shutterstock/ajt, IrinaPhVideo, showcake; Christoph Böhler

> Neue Sorten sind immer besser als alte <

Egal, ob es sich um Obst oder Gemüse handelt, die Meinung, dass alles Neue gut und alles Alte schlecht ist, ist ein absoluter Blödsinn. Aber genauso ist es falsch, das Umgekehrte zu behaupten, denn es gibt sowohl hervorragende und gesund wachsende alte Obstsorten als auch geschmacklose neue Züchtungen. Viele Gärtner entdecken aktuell die alten Obst- und Gemüsesorten wieder und es gibt Bestrebungen, diese für die Zukunft zu erhalten. Auf die Angabe von Samenpäckchen oder Etiketten kann man sich aber selten verlassen. Hier gilt es, auf eigene Erfahrungen zu bauen (gerade bei Gemüse) und auf den Ratschlag von lokalen Baumschulen zu hören.

Ältere Sorten erfreuen sich wieder mehr Aufmerksamkeit

> Baumrinde ist ein perfektes Mulchmaterial <

👎 Leider nein! Nur an ganz wenigen Stellen ist der Rindenmulch als Abdeckung verwendbar, denn er enthält viel Gerbsäure und bindet bei der Verrottung den Stickstoff. Bei großen Bäumen und Sträuchern ist es sinnvoll, die Erde mit Rinde zu mulchen, aber niemals im Gemüse- oder Kräutergarten, genauso wie im Staudenbeet. Auch Rosen mögen Rinde nicht so gerne.

Sinnvoll ist Rindenmulch als Abdeckung unter Bäumen oder Sträuchern

Manchmal kann es durchaus sinnvoll sein, zum Spaten zu Greifen, um z. B. ordentlich Kompost in den Boden einzuarbeiten

> Beete umstechen ist immer schlecht <

👎 Wenn der Boden extrem verdichtet ist und damit staunass und die Wurzeln beinahe keine Chance auf ein Wachstum haben, dann sollten Sie unbedingt die Erde lockern – auch im Frühjahr. Zuschlagstoffe können dann grober Sand und Kompost (in den oberen 10 bis 15 cm) sein. Generell gilt aber im Biogarten, das Bodenleben so aktiv zu halten, dass die Erde von sich aus schon locker ist.

Fotos © Shutterstock/D_M, Vladimir Shulikovskiy, Kzenon

> Maiglöckchen machen Beeren giftig <

 Die duftenden Maiglöckchen sind manchmal von erheblichem Ausbreitungsdrang begleitet und oft dehnen sie sich auch unter Himbeeren, Brombeeren oder Ribiseln aus. Da kommt dann rasch das Gerücht auf, dass die giftigen Pflanzen die Erde und auch die Früchte vergiften. Das ist vollkommen falsch. Die Früchte dieser Sträucher können Sie bedenkenlos essen. Bei Kindern müssen Sie aber aufpassen, dass sie im Hochsommer nicht die roten Beeren der Maiglöckchen verspeisen. Noch ein Mythos in diesem Zusammenhang: Alle Giftpflanzen, die Sie auf den Kompost geben und verrotten lassen, liefern perfekte Erde – ohne jegliche Gefahr für die Pflanzen, die dann darin wachsen.

Wühlmäuse lassen sich von Kaiserkronen leider überhaupt nicht beeindrucken

> Kaiserkronen vertreiben Wühlmäuse <

 Kaiserkronen zählen zu den stattlichen Frühjahrsblühern unter den Zwiebelblumen. Wer die großen Zwiebeln einsetzt, wird den strengen Geruch bemerkt haben. Die Hoffnung, dass mit diesem auch die Wühlmäuse „ausziehen", ist leider ein weit verbreiteter Irrglaube, auch wenn die Zwiebeln verschont bleiben. Schon im näheren Umfeld werden Leckerbissen wie Tulpen nicht verschont. Übrigens: Wichtig sind gute Düngung und regelmäßiges Verpflanzen, wenn der Horst zu groß wird.

> Blumenwiesen lassen sich leichter anlegen als Rasen <

Der Frühling ist die beste Zeit, um eine Blumenwiese anzulegen. So herrlich Blumenwiesen auch sind – das Anlegen ist extrem aufwendig. Wenn man statt eines Rasens eine Blumenwiese anlegen will, muss man zunächst die gesamte Rasenschicht entfernen und mit viel Sand den Boden abmagern. Sinnvoll ist es dann, nicht gleich auszusäen, sondern abzuwarten, damit zunächst Unkräuter aufkommen und entfernt werden können. Erst dann wird gesät. Übrigens: Einfach in den Rasen gesäte Blumenwiesensamen keimen nur spärlich, würden vom Gras nur rasch wieder überwuchert werden. Wichtig: Blumenwiesen mögen keinerlei Dünger!

Natternkopf

Goldmohn

Foto: © Shutterstock-inkrishka | Kristina Kugler

Blattläuse sind die Leibspeise des Siebenpunkt-Marienkäfers

Wird das Material luftig geschichtet, kann es nicht zu Fäulnis und damit zu keinem Gestank kommen

Fotos © Shutterstock/Jolanda Aalbers, Melinda Fawver, Alison Hancock, ju_see

> Alle Marienkäfer sind nützlich <

 Marienkäfer gelten als fleißige Blattlausvertilger und daher als Nützlinge. Larven und Imagines des heimischen Siebenpunkt-Marienkäfers *(Coccinella septempunctata)* vertilgen z. B. an die 50 Blattläuse am Tag, sein eingeschleppter Vetter, der Asiatische Marienkäfer *(Harmonia axyridis)*, schafft sogar fünfmal so viel. Jedoch ist diese invasive Art ein Nahrungskonkurrent einheimischer Marienkäfer. Es gibt aber tatsächlich mitunter schädliche pflanzenfressende Marienkäfer-Arten.

Asiatischer Marienkäfer

> Ein Komposthaufen stinkt immer <

 Das ist ein oft gehörtes Vorurteil, doch es stimmt nur dann, wenn Sie beim Aufsetzen Fehler gemacht haben. Mischen Sie Trockenes und Feuchtes (organische Küchenabfälle oder Rasenschnitt) gut, dann entsteht kein Gestank. Wichtig ist, dass das Material luftig aufgeschichtet ist, dann verrotten die Materialien zu Humus. Fehlt die Luft im Komposthaufen, dann kommt es zu Fäulnis und damit zu Gestank.

Gartenirrtümer im Sommer ...

Wenn die Sonne vom Himmel brennt, der Gärtner mehr ruht als gärtnert, dann ist es Zeit, über Gartenprobleme mit dem Nachbarn zu diskutieren. So mancher Irrtum schleicht sich da in die sommerlichen Gespräche ein.

> Tägliches Gießen macht Pflanzen robust <

 Bei den Kübelpflanzen mag diese Meinung stimmen, aber die Pflanzen im Beet werden durch tägliches Gießen eher anfälliger für Krankheiten und Schädlinge. Wer aber „richtig" gießt, nämlich alle vier bis fünf Tage durchdringend (das sind etwa 20 l Wasser pro Quadratmeter), sorgt dafür, dass die Wurzeln in die Tiefe gehen und sich nicht bloß an der Oberfläche entwickeln. Dort vertrocknen sie oft schon am nächsten Hitzetag und die Pflanzen werden geschwächt. Das gilt übrigens auch im Gemüsegarten!

Gegossen wird am besten so nah wie möglich im Wurzelbereich, um Verlust durch Verdunstung zu vermeiden

Fotos © Christoph Bohler

Kübelpflanzen wie etwa Zitruspflanzen sollten ab August nicht mehr gedüngt werden

> Ab August wird nicht mehr gedüngt <

Dass ab August nicht mehr gedüngt wird, ist bei vielen Pflanzen, wie den Kübelpflanzen, die man überwintert, absolut richtig, denn ansonsten würden sie mit zu viel Wuchskraft in den Herbst und das Winterquartier gehen. Aber Balkonblumen oder Beetpflanzen benötigen nun besonders viele Nährstoffe. Surfinien beispielsweise sind oft voller Mehltau – ein typisches Zeichen, dass die Pflanze zu wenige Nährstoffe hatte, um vital zu bleiben und kräftig zu wachsen.

Gerade im Hochsommer brauchen Balkonblumen noch reichlich Nährstoffe, um weiterhin so üppig blühen zu können

> Im Hochsommer wird nicht mehr gesät <

Das stimmt ganz und gar nicht. Gerade in den vergangenen Jahren sind die Herbstmonate stetig milder geworden und immer länger konnte im Garten geerntet werden – ja bis in den Winter hinein liefern Garten oder Balkon frische Vitamine. Genau diese Pflanzen werden gegen Ende August gesät. Vogerlsalat, Spinat und viele Salate gehören dazu. Aufpassen heißt es bei einigen Pflanzen, die im Frühjahr zu blühen beginnen, wie Stiefmütterchen oder Vergissmeinnicht. Diese Zweijährigen benötigen zum Keimen kühlere Temperaturen und sollten deshalb im Schatten in Saatschalen ausgesät werden. Ein Trick, um die Temperatur noch mehr abzusenken, sind gut durchfeuchtete dicke Tücher, die man auf die Erde legt und damit kühlt.

Fotos © Shutterstock/Valentyn Volkov, Viktoria Lvanets, Photology1971

> Hitze im Glashaus ist kein Problem <

👍
👎 Was für Licht (und die UV-Strahlen) gilt, ist auch bei Hitze zu beachten. Jede Temperatur über 42 °C auf der Blattoberfläche führt zum Absterben der Zellen. Viele Pflanzen stellen aber auch schon darunter das Wachstum ein. Bei Tomaten beispielsweise kommt es zu keiner Befruchtung mehr, weil die Blütenorgane verschmelzen. Einer der Hauptschädlinge bei hohen Temperaturen und trockener Luft sind die Spinnmilben. Sie breiten sich z. B. bei Gurkenkulturen explosionsartig aus, wenn die Hitze zu groß ist.

Lüften und Beschatten ist das A und O bei der Gewächshauskultur im Sommer

> Schwarze Töpfe forcieren das Wachstum <

 Dieser Mythos stammt aus der Frühjahrszeit, wo man bewusst erreichen will, dass sich die Erde rascher erwärmt. Doch im Hochsommer passiert das Gegenteil: Die Töpfe werden so heiß, dass die Wurzeln an der Sonnenseite verbrennen. Daher sollten Sie entweder helle Töpfe verwenden oder mit Tüchern die Südseite abdecken. Besonders gut funktioniert das auch mit Holzbrettern, die vor die Töpfe gestellt werden und so vor dem Sonnenlicht schützen.

In der Sonne können sich schwarze Töpfe stark aufheizen und die Wurzeln schädigen

Fotos © Shutterstock/Brandon Cana, Kristina Kugler

> Gründüngerpflanzen sind nur zum Düngen da <

Das Aussäen von Senf, Bienenfreund, Ölrettich und anderen Gründüngungspflanzen auf im Hochsommer abgeernteten Beeten dient nicht immer der Düngung, sondern insbesondere dem Bodenschutz und der Humusversorgung. Die Erde wird von diesen Pflanzen gut durchwurzelt und damit perfekt gelockert, denn im Winter frieren die Pflanzen ab. Übrig bleibt organisches Material, das nur wenige Nährstoffe zurücklässt. Einzig alle Hülsenfrüchte, wie Erbsen oder Klee, binden Luftstickstoff und geben diesen an die Erde ab. Wichtigster Faktor der Gründüngung ist aber, dass der Boden vor dem Ausschwemmen von Nährstoffen den Winter über durch das dichte abgefrorene Geflecht an Blattmasse geschützt wird.

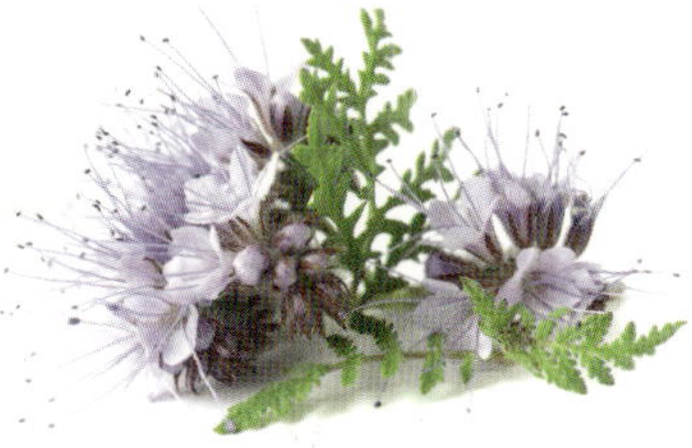

Bienenfreund ist der ideale Bodenverbesserer, da er die Erde tiefgründig lockern kann

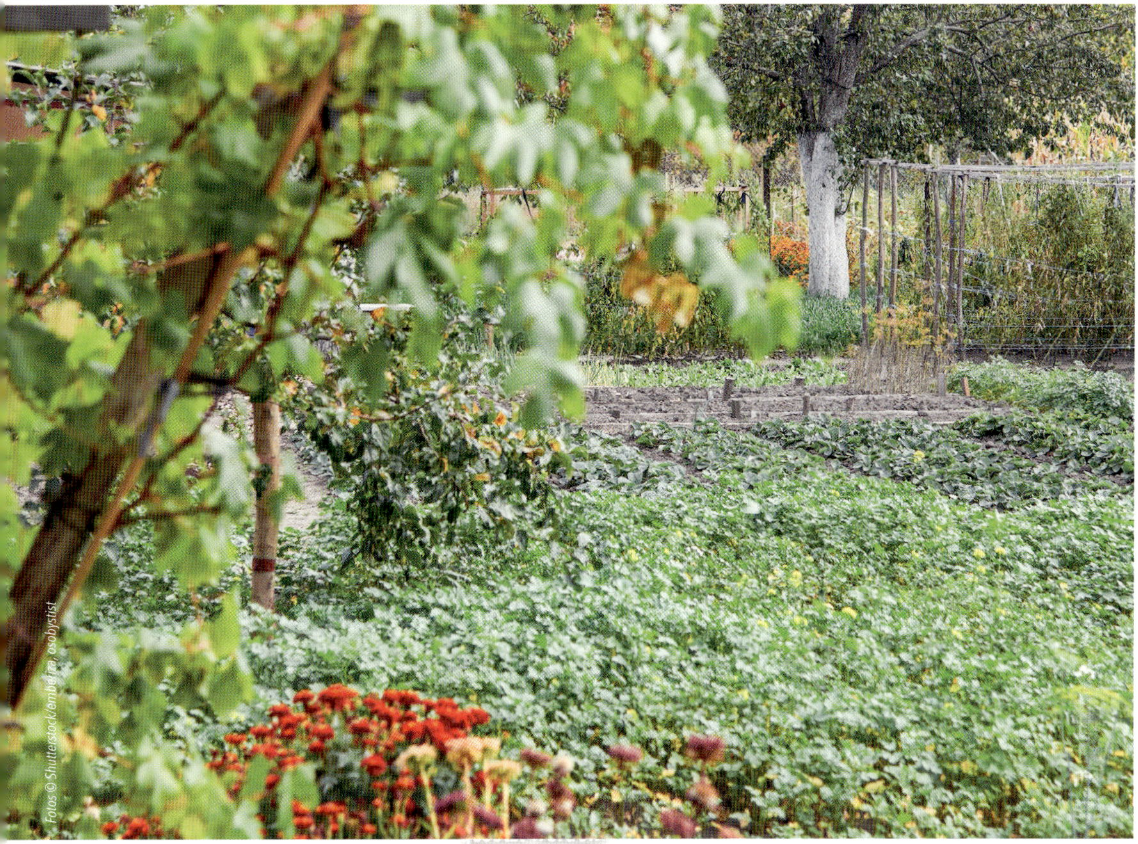

> Sonne sorgt immer für Wachstum <

Dass es ohne Sonne kein Leben gibt, ist klar. Aber zu viel Sonne ist ebenfalls extrem schlecht. Jede Pflanze ist anders gegen die Hitze und die UV-Strahlung gerüstet. So ist das heimische Edelweiß deshalb mit einem samtigen Flaum überzogen, weil die UV-Strahlung in den Bergen so hoch ist und die Zellen zerstören würde. Pflanzen, die lange Zeit im Schatten (oder in Wohnräumen) standen, vertragen die intensive Sonnenstrahlung ebenfalls nicht und die Blätter verbrennen. Unwiederbringlich! Also unbedingt mit Vlies einige Tage schützen oder im Halbschatten langsam an das starke Licht gewöhnen.

> Den Rasen immer kurz mähen <

Wir haben im Garten keinen Golfplatz, daher ist das kurze Mähen nicht nur nicht notwendig, sondern auch arbeitsintensiv und letztlich sogar schädlich für den Rasen. Insbesondere im Sommer, wenn es kaum regnet, neigen besonders kurz geschnittene Rasenflächen zum Verbrennen. Das gilt nicht nur für den händisch gemähten Rasen, sondern auch für Rasenflächen, die von Rasenrobotern gemäht werden. Die richtige Höhe sind etwa 5 bis 7 cm.

Die ideale Schnitthöhe beim Rasen sind ca. 5 cm

Fotos: © Shutterstock/Serg64, Matchou, aStudio

> Kartoffeln machen keine Früchte <

 Wer meint, die Knollen sind die Früchte, der irrt gewaltig. Diese Speicherorgane dienen zwar auch der Vermehrung, doch die tatsächlichen Früchte bilden sich nach der Blüte. Die kleinen grünen Kugerln enthalten Samen, die auch tatsächlich ausgesät werden können und oft ganz neue Sorten ergeben. Genießbar sind sie jedoch nicht, die Früchte enthalten das giftige Solanin.

Kumquats sind eine der wenigen Zitruspflanzen, die auch im Zimmer gut gedeihen

> Citrus lässt sich nur auf der Terrasse kultivieren <

 Für die meisten Zitronen, Orangen und Mandarinen stimmt diese Aussage ganz und gar nicht. Hohe Temperaturen und wenig Licht sind für die mediterranen Pflanzen ein großes Problem. Kühl, hell und wenig gießen wären ideal. Aber es gibt einige Arten, die sind fürs Zimmer besser geeignet: Kumquats, Limequats (eine Kreuzung von Limette und Kumquat) sowie Calamondinen können die hohen Temperaturen besser ertragen.

Auch Kartoffeln bilden Früchte, die jedoch wie die ganze Pflanze giftig sind

Fotos © Shutterstock/Wolna, EVGAIIA, New Africa (2)

> Das Küchenzwiebel-Laub umknicken bringt nichts <

Jede Pflanze mit Dauerorganen beeilt sich, diese zu befüllen, wenn die Blätter angegriffen werden. Deswegen kürzt man auf zu stickstoffreichen Böden bei Karotten das Laub, um größere Wurzeln zu erhalten. Das Umknicken des Laubes bei Küchenzwiebeln ist ein Signal für die Pflanze, dass das Dauerorgan nun gebraucht wird. Auf ausreichend phosphatversorgten Böden ist die Prozedur unnötig, aber bei Stickstoffüberdüngung – wie in Gärten leider häufig – kann sie eine Wirkung haben.

Um größere Karotten zu erhalten, kann es Sinn machen, das Laub zu kürzen

Fotos © Shutterstock/Marbury, Africa Studio

Fotos © Shutterstock/stockcreations, LKathie Nichols

> Die Kräuterschnecke ist ideal für alle Kräuter <

 Die Kräuterschnecke hat zwar mehrere „Zonen" für die unterschiedlichen Ansprüche, allerdings stellt sie keine Möglichkeit für alle Kräuter dar. So sollte man Minzen in die Kräuterschnecke nur in große Blumentöpfe setzen, denn sie überwuchern innerhalb von wenigen Monaten den gesamten Bereich. Besonders die Küchenkräuter, wie Schnittlauch oder Petersilie, benötigen deutlich mehr Nährstoffe und sind oft im Gemüsebeet besser aufgehoben.

Nicht alle Kräuter sind für die Kräuterschnecke geeignet

> Kaffeesatz hilft gegen Schnecken <

Da gibt es wahrscheinlich viele unterschiedliche Erfahrungen, doch eine wissenschaftliche Untersuchung hat gezeigt, dass der Kaffeesatz die Schnecken nicht abhält. Es hängt immer vom übrigen Nahrungsangebot ab, ob eine Pflanze, die mit Kaffeesatz gemulcht wurde, verschont wird oder nicht. Das haben langjährige Versuche gezeigt.

Kaffeesatz ist gegen Schnecken leider komplett wirkungslos

Gartenirrtümer im Herbst ...

Eine der schönsten Beschreibungen des Herbstes ist die des französischen Malers Henri de Toulouse-Lautrec: „Der Herbst ist der Frühling des Winters!" Genau das zeigt, dass es ein absoluter Irrtum ist, wenn man den Herbst als Jahreszeit eines zu Ende gehenden Gartenjahres bezeichnet.

> Im Herbst blüht nichts <

 Wer das behauptet, der hat noch keinen Herbstgarten gesehen. Astern, die bis zum Frost blühen. Zierliche Gräser mit herrlichen Blütenschöpfen und dazu die große Palette an Herbstkrokussen und Herbstzeitlosen. Und sogar herbstblühende Schneeglöckchen gibt es – soll da noch wer sagen, dass der Herbst ohne Blüten ist! Ergänzt wird der Herbstgarten durch Blattschmuckstauden mit schöner Blattzeichnung oder Stauden und Gehölze, deren Blätter sich jetzt mit den schönsten Farben verwandeln.

Wer Stauden und Gehölze setzt, sollte auch Pflanzen berücksichtigen, die im Herbst in den Mittelpunkt rücken

Fotos © Christoph Böhler

> Düngen ist im Herbst sinnlos <

 Zu Beginn des Monats September ist es sinnvoll, die besonders frostempfindlichen Pflanzen wie Feigen, Kakis, einige Clematis oder Maulbeeren mit einem Kali-Dünger („Patent-Kali") zu versorgen, das lässt die Triebe ausreifen. Rasen sollte man generell im Herbst noch einmal düngen, dann startet er im Frühjahr noch kräftiger ins neue Gartenjahr.

Damit der Rasen auch im nächsten Frühjahr wieder so saftig grün ist, sollten Sie diesen im Herbst noch einmal düngen

> Im Herbst muss man nicht mehr gießen <

 Gerade die vielen trockenen Jahre haben gezeigt, wie wichtig es ist, die immergrünen Pflanzen im Herbst ausreichend mit Wasser zu versorgen: Nadelgehölze, wie Eiben oder Thujen, aber auch Kirschlorbeeren benötigen auch im Winter Feuchtigkeit, sonst gibt es braune Äste, Nadeln oder Blätter, die abfallen, weil die Pflanzen nicht mit Wasser versorgt sind. Den Boden rund um diese Pflanzen gut mit Kompost versorgen, damit die Erde nicht austrocknet.

Fotos © Shutterstock/Bildagentur Zoonar GmbH, OlPhotoV

> Lassen Sie sich ruhig Zeit fürs Tulpensetzen <

Bei Tulpen gilt: Je früher die Zwiebeln im Boden sind, desto besser. Der Boden sollte zwar schon kühl sein, denn erst bei einer Bodentemperatur von unter 7 °C startet das Wurzelwachstum. Aber das heißt nicht, dass Sie darüber hinaus zuwarten sollen. Im kalten Boden (unter 3 °C) erfolgt kaum noch Wurzelwachstum. Die Pflanze blüht im Frühling, kann aber keine ausreichend große Zwiebel für das Folgejahr bilden.

Fotos © Shutterstock/JasminkaM, Tamara Kulikova, iMazi

> Bäume pflanzt man am besten im Frühling <

👎 Gerade im Herbst gepflanzte Bäume wurzeln am besten und wachsen besonders gut an. Das gilt sowohl für Obstgehölze als auch für Zierpflanzen. Einzig wurzelnackte Steinobstbäume, wie Marille oder Pfirsich, sollte man besser im Frühjahr setzen. Mandeln, Feigen und Granatäpfel sind weitere Obstbäume, die Sie aufgrund potenzieller Frostgefährdung besser im Frühling pflanzen.

Im Herbst gepflanzte Bäume wachsen sehr gut an

> Salat kann man im Winter nicht ernten <

👎 Wer im September Salat setzt, wird bis in den Winter hinein ernten können. Viele der Asia-Salate sind extrem frostfest. In einem Frühbeet überstehen aber auch viele der Pflücksalate einige Minusgrade. Einzige Notwendigkeit: Man darf immer erst dann ernten, wenn die Pflanzen wieder vollkommen aufgetaut sind.

> Wurzelnackte Rosen wachsen schlechter <

👎 Ebenfalls ein absoluter Unsinn ist das Märchen der schlecht anwachsenden Rosen, denn gerade im Herbst gesetzte Pflanzen, die ohne Topf angeliefert werden, sind nicht nur billiger, sondern auch besonders kräftig im Wachstum. Wichtig ist nur, dass die Rosen nach dem Setzen gut angegossen und angehäufelt werden.

79

Algen im Teich soll man genauso wie Herbstlaub abfischen, das Wasser soll allerdings nicht getauscht werden

> Bei Algen im Gartenteich Wasser wechseln <

Tauchen im Teich Algen auf, dann ist das immer ein Zeichen von zu vielen Nährstoffen und fehlenden Mikroorganismen und Pflanzen. Nährstoffe reichern sich v. a. durch Fische, abgestorbene Pflanzen und Laubfall im Herbst an. Ein Austausch des Wassers bringt allerdings gar nichts, wenn man nicht die gesamte Biologie des Teichs verbessert. Oft vergrößern sich die Probleme sogar, weil zu viel Kalk mit dem Leitungswasser in den Teich kommt. Absolut schlecht ist es, wenn Sie die Steine im Teich abschrubben. Dieser „grüne Belag" ist die eigentliche Filteranlage in einem Gewässer.

Fotos © Shutterstock/romarti, Kucherova

Kiesbeete sind ideal für trockenheitsliebende Pflanzen wie etwa Storchschnabel, Brandkraut, Fetthenne und Steppensalbei

> Torf verbessert den Boden <

 Lange Zeit vertraute man darauf, doch heute weiß man: Torf verbessert den Boden nur für ganz kurze Zeit, denn er ist praktisch ohne Bodenleben. Innerhalb kürzester Zeit ist die Wirkung vorüber. Einzig gut abgelagerter Kompost ist die Lösung, um schwere Böden lockerer zu machen sowie durchlässige Böden langfristig mit Humus anzureichern und so Nährstoffe und Wasser zu speichern.

Der beste Bodenverbesserer ist nicht Torf, sondern gut abgelagerter Kompost

> Kies und Schotter sind schlecht für die Wurzeln <

 Es gibt eine alte Weisheit der Indianer, die besagt: Steine, bis zur Größe einer Männerfaust, sind Dünger. Das ist die eine Seite, noch viel wichtiger ist aber die Tatsache, dass Kies und Schotter, wenn sie in großen Mengen in den Boden eingearbeitet werden, für hervorragendes Wachstum bei vielen Pflanzen sorgen. Gerade die heftigen Sommergewitter sind dann kein Problem, denn der Regen versickert rasch und versorgt bis in große Tiefe die Pflanzen mit Feuchtigkeit. Echte Kiesgärten bestehen nicht bloß aus einer Mulchdecke aus Steinen (oft mit einer Folie), die den Boden erstickt, sondern sind vielmehr bis in 30 bis 50 cm Tiefe durchlässig und bieten vielen mediterranen Pflanzen ideale Wachstumsbedingungen.

Gartenirrtümer im Winter …

Wenn im Winter der „Garten" ruht, halten wir uns nur selten in ihm auf. Arbeiten fallen kaum an, trotzdem gibt es aber auch zum Wintergarten einige bemerkenswerte Irrtümer, denen schon so mancher „auf den Leim gegangen ist".

> Die Natur ruht im Winter <

 Das ist gleich einmal ein ganz großer Irrtum. Das Leben in der Natur und damit im Garten geht weiter. Alles wird vielleicht ein wenig langsamer und so manches Leben findet versteckt statt. Es ist z. B. bekannt, dass Nussbäume bereits im Dezember wieder in Saft gehen (daher werden sie auch nicht im Winter geschnitten). In der immer milderen Witterung stoppen manche Pflanzen das Wachstum fast gar nicht. So beginnen Zwiebelblumen immer früher zu treiben, und manche Schneeglöckchen öffnen schon zur Weihnachtszeit ihre Blüten.

Pflanzen haben im Winter ihre Aktivität auf ein Minimum reduziert, eine echte „Winterruhe" findet allerdings nicht statt

Fotos © Shutterstock/Carmina Photography

> Bäume darf ich im Garten immer umschneiden <

Das stimmt nicht überall. In einigen Städten, wie der Stadt Wien, gibt es ein Baumschutzgesetz. Dieses verbietet das Umschneiden von Bäumen, wenn sie in ein Meter Höhe einen Stammumfang von mehr als 40 cm aufweisen. Betroffen sind nur Zierbäume, keine Obstbäume sowie Bäume in Kleingärten. Je nach Gemeinde gibt es unterschiedliche Regelungen. Hier sollten Sie sich genau informieren, bevor Sie zur Säge greifen, denn die Strafen sind empfindlich.

> Schnee hat mehr Schadstoffe als Regenwasser <

Das stimmt nur bedingt, denn frischer Schnee (so es ihn überhaupt wieder einmal gibt) enthält genauso wenig (oder viel) Schadstoffe wie der Regen. Daher sofort sammeln und im Zimmer tauen lassen, wenn Sie ihn als Gießwasser für Zimmerpflanzen verwenden möchten. Erst gut angewärmt verwenden. Lange liegender Schnee enthält dagegen sehr viel mehr Schadstoffe, nicht zuletzt wegen der gleichzeitig stattfindenden Heizperiode.

In manchen Städten müssen Sie Ersatzpflanzungen tätigen, wenn Sie auf Ihrem Grundstück einen Baum mit bestimmtem Stammumfang fällen

> Efeu an Bäumen bringt sie langfristig um <

 Das ist absolut falsch. Im Gegensatz zu vielen anderen Kletterpflanzen umschlingt der Efeu den Baum nicht, sondern klettert am Stamm hoch. Ist der Baum gesund, wird ihm der Bewuchs nichts anhaben, im Gegenteil: Er schützt vor Frostschäden und spendet vielen Nützlingen ein Quartier. Das Entfernen von Efeu kommt aus der Forstwirtschaft, weil Bäume mit dieser Kletterpflanze viel schwerer zu entrinden sind.

Efeu nutzt Bäume nur als Klettergerüst, schadet ihnen jedoch nicht

> Nur im frostigen Winter sterben Schädlinge <

 Untersuchungen haben gezeigt, dass feuchtes, kühles Wetter die Verpilzung der Gelege in den Rindenritzen fördert. Trockene Kälte ist dagegen wenig problematisch für die Schädlinge. Freilich: Sinken die Temperaturen für längere Zeit weit unter –10 °C, wird es kritisch und viele Schädlinge gehen zugrunde. Wenn also Frost, dann kräftig, ansonsten reicht feucht-kühles Wetter, damit sich die Schädlingspopulation im kommenden Frühjahr in Grenzen hält.

Feucht-kühle Witterung ist besser als trockene Kälte

> Flechten und Moos an Bäumen sind schädlich <

Das stimmt ganz und gar nicht. Flechten sind meist ein gutes Zeichen für eine extrem saubere Luft (es gibt auch ein paar Flechten-Arten, die viel Dreck ertragen). Weiters zeigen uns die Flechten bei manchen Gehölzen, dass sie überaltert sind. So sollten Sie bei den Ribiseln die ganz alten drei- bis vierjährigen Triebe, die meist voller Flechten und Moose sind, bodeneben herausschneiden, um die Sträucher vital zu erhalten.

> Frost bringt Schnecken um <

Diese Hoffnung ist leider trügerisch, denn extrem starken Frost vertragen Schnegel und Gehäuseschnecken sehr gut. Sie wandern nämlich bei Kälte in tiefere Erdschichten und überwintern dort. Plötzliche Wärme im Winter ist dagegen ein großes Problem, wenn es danach wieder kalt wird. Da wandern sie nach oben und werden von der Kälte erwischt. Gegen die Spanische Wegschnecke hilft das aber auch nichts. Nur die Eier überwintern, und die Gelege sind meist gut vor Frost geschützt.

> Der lebende Christbaum schützt die Natur <

Auf den ersten Blick könnte man meinen, dass das stimmt, doch betrachtet man das Leben des Christbaums im Detail, entdeckt man rasch, dass sein Leben ziemlich über den Haufen geworfen wird: zuerst in der Kälte, dann im warmen Zimmer und dann wieder im Freien. Das sind für eine Pflanze dramatische Momente, die oft im Jahr danach zu Nadelfall oder gleich zum Absterben führen. Im Topf überlebt der Baum ausschließlich, wenn er in einem unbeheizten Raum steht und nur wenige Stunden der Wärme ausgesetzt ist.

Fotos © Shutterstock/milart, Karovka, New Africa

Gartenirrtümer auf Balkon und Terrasse ...

Wohin man blickt, gibt es Ratschläge. Die sozialen Medien sind voll mit Tipps, alten Ratschlägen und Warnungen – auch für den Bereich „Balkon und Terrasse". Doch so manche Information hält einer genauen Prüfung nicht stand. Auch hier wollen wird den „Fake News" gleich mal auf den Zahn fühlen.

> Tomaten muss ich viel gießen <

Bei den Tomaten gilt weniger, aber dafür intensiver gießen. Gerade die ausgepflanzten Exemplare sind extreme Tiefwurzler, wenn Sie sie darauf erziehen. So sollten Sie schon beim Setzen nur alle paar Tage wässern, auch wenn das eine oder andere Mal die Pflanze am Abend bereits welke Blätter hat. Am Morgen ist die Welt wieder in Ordnung und die Wurzeln haben sich in die Tiefe gebohrt und nach Wasser gesucht. Anders ist das freilich bei der Topfkultur. Tomaten eignen sich auch ideal für große Töpfe und Kübeln und werden gerne geschützt unter die Regentraufe gestellt. Hier müssen Sie an heißen Tagen sogar oft zweimal pro Tag gießen.

Tomaten im Topf sind sehr durstig. An heißen Tagen muss oft zweimal täglich gewässert werden

Fotos © Shutterstock/Alex Cim, Fotokostic

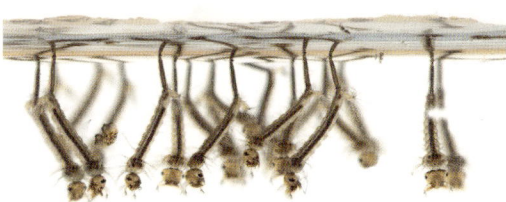

> Am Balkon gibt es keine Gelsen <

 Es ist wohl einer der größten Mythen, die es gibt, doch ein intaktes Gewässer wie ein Gartenteich ist niemals eine Oase für Gelsen. Ganz im Gegenteil: Dort lauern besonders viele Feinde für die kleinen Larven. Ob Libellenlarven oder Frösche – sie alle sorgen für einen „reinen Tisch". Anders hingegen Regentonnen, Dachrinnen, in denen Wasser stehen bleibt, oder mit Wasser gefüllte Blumenuntersetzer. Hier gibt es keine Feinde und sie stellen eine wahre Oase für Gelsenlarven dar.

> Biospritzmittel sind immer ungefährlich <

 Das ist leider falsch. Viele der heute verkauften Spritzmittel für Hobbygärtner – egal ob fürs Freiland oder für Zimmerpflanzen – sind zwar für Menschen ungefährlich, man muss aber dennoch vorsichtig sein. Pyrethrum-Mittel sind meist natürlichen Ursprungs, wie z. B. von der Dalmatinischen und Kaukasischen Insektenblume *(Tanacetum cinerariifolium* bzw. *T. coccineum)*, wirken aber als Nervengift. Das Einatmen des Sprühnebels kann gesundheitliche Probleme verursachen. Besonders aufpassen sollte man aber bei allen Präparaten auf mögliche Auswirkungen auf Nützlinge und/oder andere Tiere.

Offene Regentonnen sind wahre Brutstätten für Gelsen. Geben Sie daher besser eine Abdeckung auf Ihr Wassersammelbehältnis

Kaukasische Insektenblume

Gartenirrtümer bei Zimmerpflanzen ...

Gärtnerinnen und Gärtner tauschen sich gerne über ihre Erfahrung im Grünen untereinander aus – auch was Zimmerpflanzen betrifft. Doch auch hier stimmt nicht alles, was die Runde macht und viele dieser gut gemeinten Ratschläge sind widerlegt.

Schimmel in der Aussaaterde gefährdet die Anzucht

> Schimmel auf der Erde ist gefährlich <

👍 Das stimmt, insbesondere wenn Schimmel bei der Aussaat auftritt, denn dann gefährdet er die Keimlinge. Aber in den meisten Fällen ist es nicht Schimmel, sondern es sind Kalkausblühungen. Unser Leitungswasser ist in weiten Teilen des Landes extrem kalkhaltig. Wird nun damit regelmäßig gegossen, dann sammelt sich der Kalk, der sich beim Verdunsten des Wassers an der Oberfläche der Topferde absetzt. Die Maßnahme dagegen: Oberste Erdschicht abkratzen und durch Tongranulat ersetzen. Und: möglichst mit Regenwasser oder abgekochtem Wasser und deutlich weniger stark gießen.

Fotos © Shutterstock/DimaBerlin, Perova Evgeniya

> Alpenveilchen sind nicht langlebig <

👎 *Cyclamen persicum*, wie das Zimmer-Alpenveilchen botanisch heißt, überlebt viele Jahre, allerdings nur dann, wenn man seine Vorlieben kennt: Einen kühlen Standort, der hell ist, und wenn man beim Gießen auch noch vorsichtig ist und Staunässe vermeidet, überstehen sie sogar viele Jahre. Nach einer kurzen Ruhephase im Frühjahr und einem Aufenthalt im Freien an einem halbschattigen Platz startet im Spätsommer wieder das Wachstum und die Blüten fürs Zimmer sind garantiert.

> Wollläuse sitzen schon beim Kauf auf Orchideen <

👎 Wer einmal diese lästigen Schädlinge auf den Orchideen hat, muss viel Geduld und Mühe aufwenden, um diese Tierchen wieder loszuwerden. Manche geben auf und werfen die beliebten Exoten weg. Werden dann nach einigen Tagen neue Exemplare gekauft, tauchen die Wollläuse wieder auf. Sie werden aber nicht „mitgeliefert", sondern die Eier sitzen nicht nur in den Übertöpfen, sondern auch auf den Fensterbänken und den Fensterleisten. Hochprozentiger Alkohol ist das beste Mittel, um die Eier zu beseitigen und auch die Schädlinge zu vernichten. Mit in Alkohol getränkten Wattestäbchen werden die Wollläuse betupft und sterben ab.

Richtig gepflegt, können Sie lange Freude an Alpenveilchen haben

Eigentlich sind Weihnachtssterne robust, wenn sie hell und bei 18 bis 22 °C Raumtemperatur stehen dürfen. Dann leben sie mehrere Jahre!

> Weihnachtssterne sind Wegwerfpflanzen <

 Für vermutlich 999 von 1.000 verkauften Weihnachtssternen wird das wohl gelten, denn vielfach will man im Jänner von Weihnachtsstimmung nichts mehr wissen, oder die Pflanzen wurden schlichtweg zu Tode gepflegt. Kalte Fensterbänke, kalte Zugluft, zu viel oder zu wenig Wasser bedeuten für diese an sich sehr robusten und wüchsigen Pflanzen das Ende. Dabei gibt es zahlreiche Beispiele, wo mir Gartenfreundinnen (es waren immer Frauen) Bilder von ihren perfekt gepflegten Weihnachtssternen geschickt haben, die sogar immer wieder blühen, wenn ihnen der sogenannte Kurztag (also ab September zwölf Stunden absolute Dunkelheit pro Tag) gewährt wird.

> Nur duftende Blüten ziehen Insekten an <

 In der Natur haben Pflanzen unterschiedliche Strategien entwickelt, um Insekten zur Bestäubung anzulocken. Einerseits sind es die Blütenfarbe, die Größe der Blüte, Pollen und Nektar als Lockmittel oder eine Wuchsform, die vermeintliche Geschlechtspartner vortäuscht und anzieht. Andererseits kann aber auch ein bestimmter Geruch sehr verführerisch wirken. Und nicht immer müssen es Insekten sein, damit sich Früchte und Samen bilden. Bei Zimmerpflanzen ist es sogar meist unerheblich, ob eine Bestäubung stattfindet, da selten Wert auf eine Fruchtbildung gelegt wird. Manchmal bilden Pflanzen sogar einen unangenehmen Gestank wie bei der Aasblume, um die Fliegen zur Bestäubung an die Blüten zu locken.

Fliegen finden den Gestank nach verwesendem Kadaver, den die Blüte der Aasblume *Stapelia grandiflora* verströmt, schier unwiderstehlich

Fotos © Shutterstock/Autumnal_Glow_Vastram

Best of: Der Garten für intelligente Faule

Karl Plobergers Leidenschaft fürs „Garteln" hat in der Kindheit begonnen. Damals war es Entdeckerlust und Neugierde: Wie kann es sein, dass aus einem Samenkorn ein Radieschen wird? Wie lange dauert es bis aus einer Kastanie ein Baum wird? Dieses Abenteuer, das als Sechsjähriger begonnen hat, endet bis heute nicht. Das Schöne daran ist, dass er durch seine journalistische Arbeit im Fernsehen, Radio und in den Zeitungen, vor allem aber auch durch die tausenden Vorträge und 19 Bücher diese Begeisterung fürs „Garteln" weitergeben konnte. „Der Garten für intelligente Faule" stand am Beginn – vor mehr als 15 Jahren. Es ist seither in vielen Auflagen nachgedruckt und in viele Sprachen übersetzt worden. Dennoch kommt auch ein Buch „ins Alter". Daher ist nun der Entschluss gefallen, es ausgestattet mit neuen, herrlichen Bildern vollkommen zu überarbeiten, mit den besten „Erste Hilfe Tipps" und vor allem mit vielen neuen Gartenfragen und kurzen sowie prägnanten Antworten zu ergänzen. Ich freue mich, wenn dieses Buch seine Position als Klassiker fürs biologische Gärtnern weiterhin beibehalten wird.

272 Seiten, broschiert, 16,8 x 19 cm, ISBN 978-3-8404-7557-3, **€ 14,95**

Garteln ohne Garten

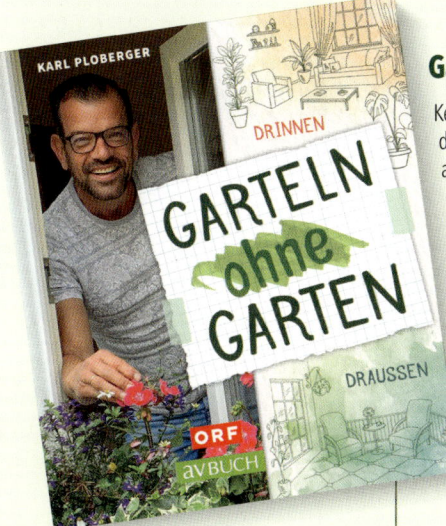

Kein großer Park, kein Gemüseacker, ja nicht einmal ein Stück Garten hinter dem Reihenhaus. Kein Problem! „Garteln ohne Garten" zeigt, wie man auf kleinster Fläche in der Wohnung, auf dem Balkon oder der Terrasse mit Pflanzen eine angenehme Atmosphäre und ein besseres Raumklima schaffen kann. Daneben lässt sich auch vieles ernten: Kräuter, Gemüse, Beeren und Obst. Das grüne Paradies, von dem alle Urban Gardeners träumen.

Aus dem Inhalt:

DRAUSSEN: Gemüse & Obst auf kleinstem Raum, Kräuterparadies in Kisten, Wilde Bienenträume, Blütenrausch in Töpfen, Südliches Flair mit Kübelpflanzen etc.
DRINNEN: Vorziehen auf dem Fensterbrett, Faszination Blätter, die perfekte Raumauf-teilung, Microgreen & Keimboxen, Erste Hilfe bei Krankheiten und Schädlingen etc.

144 Seiten, broschiert, 16,8 x 19 cm, ISBN 978-3-8404-7582-5, **€ 14,99**

Genau so geht Bio-Garten!

„Der Unterschied zum ‚aktiven' Gärtner besteht darin, dass die ‚Faulen' die Natur genießen, sie aber nicht in gezirkelten Abschnitten halten wollen. Ihr Garten ist ein Naturparadies, aber keine Wildnis." Auf das Know-how kommt es an, dann lässt jeder Garten auch Faulheit und Muße zu. Vor genau 20 Jahren schrieb Karl Ploberger sein erstes Buch „Der Garten für intelligente Faule" und es wurde zum Bestseller. Heute blickt er auf einen noch reicheren Erfahrungs-schatz zurück, berichtet über die Neu- und Umgestaltungen in seinem Garten, über Irrtümer und weise Erkenntnisse und gibt Tipps für die Gelassenheit. Im Naturgarten wird mit und nicht gegen die Natur gegärtnert! In 20 Kapiteln für 20 Jahre gartelt der Biogärtner mit noch mehr Schwung, denn das Garteln hält ihn jung. Als Biopionier der ersten Stunde teilt er sein umfang-reiches Wissen in seinen Vorträgen, TV-Sendungen und auf Reisen gerne mit Gleichgesinnten. Neben 20 Reisetipps und interessanten Begegnun-gen mit Persönlichkeiten aus der Gartenbranche beantwortet der Gärtner für intelligente Faule zudem 200 neue Gartenfragen.

176 Seiten, broschiert, 16,8 x 19 cm, ISBN 9-783-8404-7578-8, **€ 14,99**

NATÜRLICHER PFLANZENSCHUTZ

- Produkte auf Basis natürlicher und hochwirksamer Wirkstoffe
- geringe oder keine Wartezeiten zwischen Anwendung und Ernte
- vielseitig einsetzbar: an Zierpflanzen, Obst, Gemüse und Kräutern

Finden Sie weitere Informationen unter **compo.at**

Effektive Lösungen
durch Produkte mit Wirkstoffen
natürlichen Ursprungs

Auf Basis von
natürlichem Orangenöl

Pfl.-Reg.Nr. 3852-902

Pfl.-Reg.Nr. 2699-902

Pfl.-Reg.Nr. 3882-901